INTRODUCTION TO
PUBLIC FINANCE

新・財政学入門

川又 祐／藪下 武司／楠谷 清／斎藤 英明／竹本 亨

八千代出版

は し が き

　財政学は、その研究対象から、歴史、理論、政策の3分野に分けられる。そして財政学は、中央の財政を扱う財政学、地方の財政を扱う地方財政論、さらに公共部門の経済活動を扱う公共経済学に分けられる。それら多岐にわたる財政学をコンパクトに理解できる入門書として本書は企画された。財政学を学ぶ場合、経済学理論の理解を必要とすることがあるが、執筆者たちは難解な説明は極力避け、初学者に財政学を身近に感じてもらえるよう、そして興味をもってもらえるよう留意して本書を準備した。

　政府は、財政を通じて、民間から貨幣を集め、それを管理し支出している。その財政の役割は歴史的背景の記述を含めた第1章で、貨幣の調達は第4章租税論と第5章公債論で、貨幣の管理は第2章予算論で、貨幣の支出は第3章経費論で扱う。日本の最重要課題の一つである社会保障については第6章で、さらに財政政策は第7章、地方財政は第8章で扱う。

　今日、財政に期待される役割はますます大きくなっている。それは予算規模に如実に表れている。2019（令和元）年度に初めて100兆円を超えた予算は、その後も拡大し続けている。社会保障制度の維持、少子高齢社会の進展、経済格差の拡大、国債の大量発行、新型コロナ感染症の流行、SDGsの達成など、日本が直面する課題は山積している。これらの重要課題を解決するためには財政学の理解が必要である。財政は、私たち主権者である国民の意思に基づいて運営されなければならないという財政民主主義を根本原理としている。財政民主主義の下、私たち自身が主体的に行動して、これらの課題に取り組まねばならない。本書を学ぶことが、その主体的行動の第一歩となることを願っている。

　終わりに、本書が版を重ねることができたのは、本書の企画・編集・出版の労をとっていただいた八千代出版の森口恵美子さんのおかげである。森口さんに心からお礼を申し上げる。

　2022年3月

執筆者を代表して　川　又　　祐

目　　次

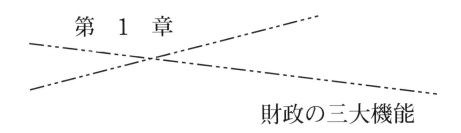

第 1 章

財政の三大機能

1 財政と、財政学の歴史

1）財　　政

　財政とは、国または地方公共団体の経済活動を表す用語である。それゆえ中央財政、地方財政が存在するが、本書では、もっぱら中央財政＝国（政府）の経済活動を議論することにする（もちろん、地方政府が直面する財政問題については第8章で扱う）。財政はPublic Financeの翻訳で、単純に訳せば、政府の資金調達となる。もちろん、政府は、民間部門から資金（貨幣）を租税や公債という形で調達している。だが、政府は単に貨幣を集めているだけではない。政府は、国民から期待されるある一定の役割を果たすために、貨幣を「経費（公的支出、政府支出）」として支出して、民間部門に貨幣を戻してもいる。したがって、政府の経済活動には、貨幣の調達以外にも、貨幣の管理・支出が必要となってくる。貨幣の調達については、歳入論である租税論（第4章）と公債論（第5章）で、管理については予算論（第2章）で、支出については経費論（第3章）でそれぞれ扱う。このように政府の経済活動を総合的に研究する学問が財政学なのである。

　政府（公的部門）は、家計と企業が経済主体となっている民間部門と様々な形で結び付いている。図1-1のように、政府はたとえば、家計から租税や社会保険料を受け取り、**公共財**（Public Goods）や社会保障を提供している。また政府は、要素市場や財・サービス市場においても取引している。こうして、経済循環の関係が構築されている。

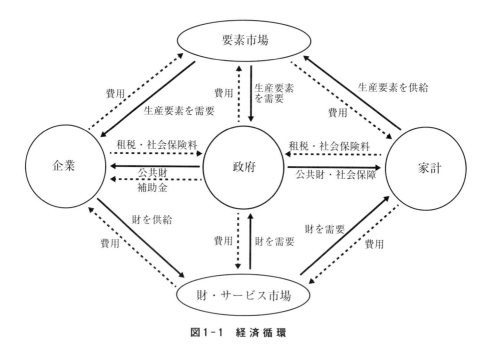

図1-1　経済循環

　ここで政府・公的部門の範囲を確認しておくことが重要である。この公的部門の範囲は、「小さな政府」、「大きな政府」を議論する際に大きく関連してくるからである。公的部門の範囲は、「国民経済計算」（SNA：System of National Accounts）によって示され（表1-1）、その国全体の経済活動の状況が明らかにされる。

　本章では、もっぱら中央政府の財政を論じることになるが、財政は表1-2のような特徴をもっている。

　財政は、**財政民主主義**（詳細は第2章を参照）に基づいている。私経済では、収入に応じて支出が決定される（**量入制出の原則**）。すなわち収入以上に支出をすることは不可能である。一方、財政を支配しているのは**量出制入の原則**である。国民から期待される役割に応じて支出が決められ、その後それ

表1-1　公的部門の範囲

公的部門	一般政府	中央政府
		地方政府
		社会保障基金
	公的企業	中央
		地方

表1-2 財政の特徴—私経済との相違—

	財政（公経済）	私経済
支配原理	量出制入の原則 （出ずるを量って入るを制す）	量入制出の原則 （入るを量って出ずるを制す）
特徴	強制性 公開性 長期性	任意性 非公開性 短期性
目的	公的欲求の充足	私的欲求の充足
手段	公共財	私的財

に見合う収入が決定されるのである。そして財政は、**強制獲得経済**ともいわれ、強制性を特徴としている。私経済では、私的欲求の充足のための手段として私的財が供給されるが、その取引は任意であり、また、どのような財をどれだけ購入したのか他者に公開する必要はない。これに対して、財政は、公的欲求充足のための手段として**公共財**を供給している。その原資は国民から徴収した租税や、国民からの借金である公債によってまかなわれているので、歳入・歳出の過程は公開されなければならない。財政と私経済には大きな相違が存在している。

2）財政学の歴史

　財政学の歴史を簡単に遡ってみよう。財政学は2つの起源をもっている。一方は**スミス**（A. Smith. 1723-1790）を中心とする**古典派経済学**（古典派）であり、他方は官房学である。まず、**官房学**（カメラリズム、Cameralism）は、16世紀から19世紀初頭まで、とりわけドイツやオーストリアを中心とする国々を支配した学問である。官房学は1727年、ハレ大学とフランクフルト・アン・デア・オーダー大学にその講座が開設されたのを機に前期と後期とに分けられる。前期の代表的カメラリストにはゼッケンドルフ（V. L. v. Seckendorff. 1626-1692）、後期にはユスティ（J. H. G. v. Justi. 1717-1771）やゾンネンフェルス（J. v. Sonnenfels. 1732〔or 1733〕-1817）らがいる。カメラリストたちは、家産国家における君主の幸福と人民の幸福を同一視して、共同の福祉（幸福）を実現しようとする。彼らは、君主の幸福が増大すれば人民の幸福も増大すると考えて、君主を中心とする領国統治、領国経営に助言を行った。

官房学では、君主の家計を維持・増大させる方策、技術が探究された（富国強兵、殖産興業）。そして広義の官房学は、ポリツァイ学（行政学）、経済学、狭義の官房学（財政学）の３つによって構成されている。官房学は、官吏養成のための学問として、大学で講義された。このうち狭義の官房学が財政学の起源の一つとなるのである（川又 2009）。

　一方、ユスティやゾネンフェルスとほぼ時代を同じくするのがスミスである。市民革命を経て、租税国家へと変貌を遂げた18世紀イギリスにあってスミスは、君主中心の官房学とはまったく異なり、人民中心の経済学、財政学を創始する。市場機構に信頼を寄せ、国家の役割を限定して、自由競争こそが人民の幸福を増大させる道であると主張するのである。

　古典派経済学と官房学は、ラウ（K. H. Rau. 1792-1870）を経由して、**ワグナー**（A. H. G. Wagner. 1835-1917）に融合・結実する。ドイツのワグナー財政学は、**正統派財政学**として財政学界に君臨することになるのである。しかし、1930年代の大不況は、こうした学界の状況を根本的に塗り替えることになる。すなわち、政府の役割に関して「小さな政府」がよいのか、「大きな政府」がよいのかについて、重大な論争が提起されたのである。そして小さな政府から大きな政府へという転換を、20世紀の**ケインズ**（J. M. Keynes. 1883-1946）が決定付けることになるのである。そしてケインズの考え（ケインズ財政学）が学界の支配説、通説となっていく。彼以降の財政学の歴史は、ケインズ派に対する批判の歴史（そうした批判は、本書の各所において取り上げられる）であったということができる。その過程の中で財政学から公共経済学も生まれていくのである（図1-2参照）。

図1-2　財政学の流れ

2　財政と資源配分機能

1）市場の役割と政府の役割

　私たちは、稀少で有限な資源を市場機構を通じて配分している。上述したように、財政は公的欲求の充足を、私経済は私的欲求の充足を目指している。私経済では**市場機構**を通じて私的財が効率的に供給される。市場の内部においては、代金を支払わない者は消費から排除される（排除性）。また市場では財の消費は早い者勝ちである。先に代金を支払った者が支払額に応じて消費が可能であり、売り切れた場合は、他の人は消費ができない（競合性）。私的財は排除性、競合性を特徴としている。しかし財の種類によっては、この排除性や競合性が適合せず、代金を支払わない人も消費が可能となったり（**非排除性**）、ある人が消費を行っても他の人も同じように消費が可能となったりする（**等量消費、非競合性**）。これを**市場の失敗**と呼ぶ。

　市場の失敗は図1-3の**外部性**によって説明される。市場内部でのAとBの市場取引が市場の外にいるCに対して利益を与える場合を**外部経済**、市場の外にいるDに対して不利益を与える場合を**外部不経済**と呼ぶ。Aが対外的安全（国防）・対内的安全（司法）を提供するサービスをBと契約する。Bの隣に住むCは、代金を支払わないのにこうした安全サービスをBと競合することなく、等しく享受することが可能になる（外部経済）。Aは、代金を支払わな

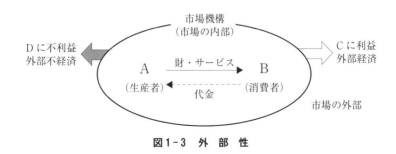

図1-3　外　部　性

表1-3　私的財と公共財

	排除性	競合性
私的財	あり（○）	あり（○）
公共財	なし（×）	なし（×）

いCやそれ以外の人に対しても供給をしなければならなくなる。代金を回収ができないので、こうしたサービスを供給しようとする者は市場から退出せざるをえない。そこで政府は表1-3のように、国民が需要する、そして非排除性・非競合性を有する財・サービスを公共財として、市場ではなく財政を通じて供給（**資源配分**）することが求められるのである。だからスミスは、『国富論』（1776）の中で、国家に対して①国防、②司法、③公共土木・施設という3つの役割を期待している。スミスは③公共土木・施設として、道路、橋、運河、港湾を挙げている。スミスが国家に期待した3つの役割は、現代の表現を用いれば公共財の供給に他ならない。

　一方、生産者Aが財を生産する過程で排出されたごみを山中や海中に投棄して、公害や環境汚染を引き起こし、その結果、Dが健康被害を受けてしまう場合もある（外部不経済）。外部不経済が発生している場合、ピグー（A. C. Pigou. 1877-1959）は、その対策（図1-4）としていわゆる**ピグー税**と**ピグー補助金**を提案する（Pigou 1920：Ch.11）。政府は汚染者・原因者Aに対して課税を行う。Aにとって、課税は費用増大と等しい効果をもつので生産量が減少し、その結果、公害の排出が抑えられるであろう。また政府は、Aに対してごみ処理費用のための補助金を交付して、公害の原因を除去させることもできる。こうして課税や補助金を通じて政府は、資源配分に影響を与えることができるのである。

　市場機構がうまく働かない別の事例として、独占・寡占の問題がある。資本主義社会では、競争に勝利したものが生き残れる。競争の結果、独占・寡占が生じた場合、市場の資源配分が歪められてしまう。そこで政府は、独占禁止法を適用して、公正な競争を促す。

図1-4　汚染者への対策

2）純粋公共財と準公共財

　財政による資源配分は、非排除性、非競合性のために市場が供給できないか、供給できたとしても価格が高騰してしまったりほんのわずかしか供給できなかったりするものを、市場に代わって供給するものである。あるいは、市場が供給可能であってもあえて財政が供給するものもある。これらのうち前者を**純粋公共財**（Pure Public Goods）、後者を**準公共財**（Quasi Public Goods）と呼ぶ。純粋公共財の例としては上述のような国防や一般道路、そして公衆衛生がある。準公共財には、教育、医療、住宅、公園、自動車専用道路、図書館などがある。後に見るように、日本の予算では、準公共財である社会保障の比率が非常に大きい。

3　財政と所得の再分配機能

　資本主義経済の下では、所得は市場機構によって分配が行われている。この市場機構は平等な所得分配を保障するものではない。資本主義は、自身の能力を十分に発揮し、競争に勝利することで、より多くの所得を獲得することができる仕組みである。しかしながら社会には、生来的要因（障害、病気）や、事後的要因（病気、けが、加齢）によって所得を十分に獲得できない人たちが存在している。所得の不平等、所得の格差は、社会正義の観点から是正されなければならない。それが、財政に**所得の再分配**が期待される理由である。

1）所得不平等の指標

　所得分配の状況を表す指標として用いられるのが、**ローレンツ曲線**（図1-5）である。ローレンツ（M. O. Lorenz. 1876-1959）は、横軸に人口累積比（100%）を、縦軸に所得の累積比（100%）をとり、所得分布をグラフ化した。このグラフがローレンツ曲線である（Lorenz 1905）。平等な所得分配が行われている場合は、曲線は均等分布線（45度線）に重なる。しかし不平等な所得

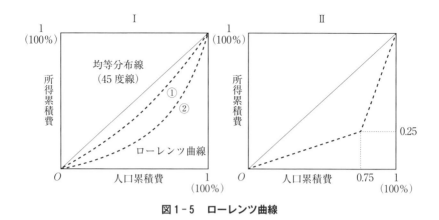

図1-5 ローレンツ曲線

分配の場合には、曲線は均等分布線から遠ざかることになる。図1-5のⅠの場合は、②と比べて①の方がより平等な所得分配を表すことになる。

　さらにジニ（C. Gini. 1884-1965）は、均等分布線とローレンツ曲線で囲まれた面積（分子）と、均等分布線から下の面積（分母、直角二等辺三角形）の比を用いた**ジニ係数**を考案した（Gini 1913-1914）。ジニ係数は、0に近いほど平等な所得分配を、1に近いほど不平等な所得分配を表す指標である。社会の警戒水準は0.4といわれている。たとえば、全体の人口のうち4分の3（75%）に全体の所得のうち4分の1（25%）が分配され、残る4分の1（25%）の人口に4分の3（75%）の所得が分配されている図1-5のⅡでは、ジニ係数は

$$\text{ジニ係数} = \frac{\text{◿}}{\text{◺}}$$

$$= \frac{\text{均等分布線とローレンツ曲線で囲まれた面積}}{\text{均等分布線から下の面積（直角二等辺三角形）}}$$

$$= \frac{1 \times 1 \times 0.5 - (0.25 \times 0.25 + 0.75 \times 0.25 \times 0.5 \times 2)}{1 \times 1 \times 0.5}$$

$$= \frac{0.25}{0.5}$$

$$= 0.5$$

表1-4 日本のジニ係数

調査年	当初所得	再分配所得 （当初所得＋社会保障給付金－社会保険料）－税金＋現物給付
2005	0.5263	0.3873
2008	0.5318	0.3758
2011	0.5536	0.3791
2014	0.5704	0.3759
2017	0.5594	0.3721

出典）厚生労働省「平成29年 所得再分配調査報告書」p.16より作成。

となる。日本のジニ係数は、当初所得で2005（平成17）年以降、実は警戒水準の0.4どころか0.5を超えた状態が継続している（表1-4）。それが後述するように、所得の再分配によって再分配所得のジニ係数が0.4以下に抑えられているのである。

　日本では確実に所得格差問題が存在している。当初所得のジニ係数0.5超の背景には、近年の人口の高齢化による高齢者世帯の増加や、非正規雇用など社会構造の変化があるとされる。

　また近年、注目されているのが**絶対的貧困**と**相対的貧困**の考え方である。世界銀行は2015（平成27）年10月、絶対的貧困を、2011（平成23）年の購買力平価（PPP）に基づき、1日1.90ドルと設定している。これは、毎日1.90ドルでの生活に甘んじなければならない貧困である。相対的貧困は、OECDの基準に基づき、収入から税金などを差し引いた全世帯の可処分所得を1人あたりに換算して低い順に並べ、中央の額の半分に満たない状態を指す。日本は、2018（平成30）年で貧困線127万円以下の人たちが相対的貧困状態であり、これらの人たちが全人口に占める割合「相対的貧困率」は、16％ほどになっている（厚生労働省、2019年国民生活基礎調査）。

2）所得の再分配

　財政に期待される所得の再分配は、健康で文化的な最低限度の生活（憲法第25条）を実現することを目標としている。これを実現する手段に、税制と社会保障がある。税制ではとりわけ**累進税**や**相続税**が注目される。

税制のうち累進税は、後述するように限界効用理論を用いて正当化される一方（詳細は第4章を参照せよ）、ワグナーによって課税の公平性や社会政策の観点からも正当化される。日本は、所得税や相続税で累進税を採用している。累進税は、低所得者よりも高所得者に対して高い税率で課税するものである。日本は、超過累進課税を採用している。累進税は確かに所得格差を縮小する。しかし、低所得者の所得を増やすことはできない。

　低所得者の所得を増やすには別の手段、すなわち社会保障が必要となる。図1-6を見てみよう。ここには当初所得と再分配所得がある。私たちは、当初所得から政府に租税や社会保険料を拠出している。したがって、その残額である可処分所得に受給分を加えたものが再分配所得となる。

　この受給分（社会保障給付）は、年金・恩給、医療、その他（福祉、雇用保険、そして生活保護〔医療扶助を除く〕）となっている。この再分配の結果、2017（平成29）年のジニ係数は、当初所得で0.5594から再分配所得で0.3721へと改善されている（表1-4）。

　ところで、**フリードマン**（M. Friedman. 1912-2006）は、**負の所得税**を提案する（Friedman 1962：Ch.12）。社会保障制度を実現してもその恩恵に浴することができない人たちが存在するからである。たとえば、屈辱感や恥辱感から生活保護の申請をためらう人は、そもそも生活保護を受給することができない。こうした制度の欠陥を克服しようとするものが負の所得税である。

　フリードマンの構想を、図1-7を使って見てみよう。たとえば、健康で文化的な最低限度の生活に必要な金額を300万円、免税点を600万円、税率を50％としよう。ある人の所得がちょうど600万円の場合は、政府から給付を

当初所得					
拠出		所得	受給		
税金	社会保険料		年金・恩給	医療	その他
			再分配所得		

出典）厚生労働省「平成29年　所得再分配調査報告書」p.8 より作成。

図1-6　当初所得に対する社会保障の拠出と給付の関係

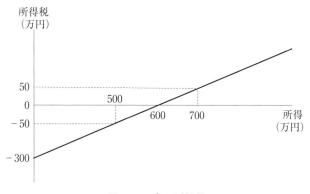

図1-7　負の所得税

受け取ることも政府に所得税を払うこともない。所得が700万円の人は、免税点600万円との差額である100万円に税率50％をかけて、所得税50万円を支払うことになる。所得が500万円の人は、免税点との差額100万円に税率50％をかけて、負の所得税50万円を受け取ることができる。したがって、障害のために所得がゼロの人も、600万円の半分の300万円を受け取ることができるのである。フリードマンは、負の所得税が貧困の軽減に直接役立つと主張している。

　現状では、負の所得税は採用されていないので、所得の再分配の中心的役割を担っているのはやはり社会保障制度である。大戦後の先進諸国は程度の差こそあれ、社会保障制度を充実させてきた。社会保障を狭義に考えると、公的扶助制度と社会保険制度ということになり、前者は垂直的再分配装置として機能し、後者は水平的再分配装置として機能している。公的扶助の財源は全額国庫負担であり、納税者の支払った税が国庫を通じて社会的・経済的弱者に給付されている。これに対して、社会保険は保険料を労使折半で拠出し、かつ政府も保険制度の運営費や給付費の不足を税で埋めているので、再分配効果は水平的である。すなわち、健康な者から健康を失った者へ、職にある者から職を失った者へ、勤労者から老齢者へといった具合に社会保険機構を通じて所得が再分配されているのである。疾病、失業、老齢などの不安を社会保険制度によって、完全ではないが緩和できる意義は大きい。

今後は累進的所得課税と消費税とを基幹税としながら、社会保障制度を維持・改善していくことが、重要課題になってきている。とりわけ、社会の高齢化に対する税制と社会保障のあり方が問われているのである（詳細は第6章を参照せよ）。

　近年、注目を浴びている議論に**ベーシック・インカム**（Basic income）がある。論者によってその定義は異なるが、これは年齢や性別に関係なくすべての国民に、最低限の所得保障（現金給付）を行うというものである。そこでは生活保護で行われている申請者への資産調査が不要となる。ベーシック・インカムは、貧困問題への切り札として世界的にも期待されている。しかしその財源をどのように確保するのか、勤労意欲や労働市場への影響はどうなるのか、解決すべき課題も多い。

4　財政と経済安定機能

　資本主義経済は完全雇用と物価安定を自動的にもたらすものではない。とりわけ1929年のウォール街株価大暴落とその後の世界恐慌は、経済学と財政学に一大変革をもたらした。これがケインズ革命である。ケインズは、『雇用・利子および貨幣の一般理論』（1936）の中で、深刻な不況を克服するために財政を積極的に活用することを主張した。ケインズの主張に基づく、経済安定の手段として財政を活用する財政政策は**フィスカル・ポリシー**（Fiscal policy）と呼ばれる。

1）フィスカル・ポリシー

　ケインズは、**乗数理論**を発展させ、そして**有効需要の原理**を展開する。ケインズは、不況の原因を有効需要の不足に求めている。完全雇用を達成するには、政府が公債を発行してでも政府支出を増やすことが必要となる。
　次の国民所得モデル

総供給＝総需要

を考えたとき、古典派は、総供給の大きさが総需要の大きさを決定すると考

えた。この考え方は、セー（J-B. Say. 1767-1832）の法則「供給はそれ自らの需要を創り出す」が端的に表している（Keynes 1936：Cf. Ch. 3）。古典派は、供給

表 1 - 5　フィスカル・ポリシー

	デフレ	インフレ
政府支出	増大	減少
租税	減税	増税

を阻害する要因を取り除き、自由競争に基づく市場機構がうまく働くようにすることが、国民所得を増やす方法だと主張する。これに対してケインズは、古典派とは正反対の立場をとり、総需要の大きさが総供給の大きさを決定すると考えた。民間部門の総需要（**有効需要**、消費と投資）が不足して不況・失業が生じているとき、ケインズは、政府支出の増大が、政府支出乗数倍の国民所得を創出して、減税が、やはり租税乗数倍の国民所得を創出すると主張したのである。これらを乗数理論、**乗数効果**と呼ぶ（Keynes 1936：Cf. Ch.10）。

$$\Delta Y = \frac{1}{1-c} \, \Delta G \qquad \Delta Y = \frac{-c}{1-c} \, \Delta T$$

　景気が過熱してインフレに陥っているときには、その逆の政策（政府支出の減少、増税）を実行すればよいことになる（表 1 - 5 参照）。これが、フィスカル・ポリシーの考え方である（詳細は第 7 章を参照せよ）。さらに、ハンセン（A. H. Hansen. 1887-1975）は、補整的財政政策としてケインズの考え方を継承・発展させていった。

2）経済安定とビルト・イン・スタビライザー

　フィスカル・ポリシーの問題点は、経済状況の実態に応じた政策発動に至るまでの**タイム・ラグ**（Time lag：時の遅れ）が存在していて、場合によっては政策の効果があまり期待できないことにある。タイム・ラグには、①認識のラグ、②政策立案のラグ、③政策承認のラグ、④政策実施のラグ、⑤効果発現のラグがある。経済が不況に陥り、フィスカル・ポリシーの必要性を認識するのに時間がかかり、相応の政策を立案するのにまた時間がかかる。そして議会で政策を承認してもらうのに時間がかかり、承認後、担当省庁が政策を実施するのに時間がかかり、その効果が現れるのにも時間がかかる。不

表1-6　ビルト・イン・スタビライザー

	デフレ	インフレ
累進税	（自然）税収減	（自然）税収増
雇用保険	給付増	給付減

況だと思って政策を発動したら、経済はすでに好況に転じていて、不況対策がかえってインフレを悪化させてしまうというようなことも起こりうるのである。

　だが、現代の財政制度にはフィスカル・ポリシーを補完して、景気変動をある程度、自動的に安定させる機能が組み込まれている。それが**ビルト・イン・スタビライザー**（Built-in stabilizer）＝自動安定装置である。その代表的なものが、財政の所得の再分配機能でも触れた、累進税と社会保障である。表1-6のように累進税は、好況のときには所得の増加に応じて、自動的に増税が行われ、景気の過熱を抑制する。逆に不況のときには、自動的に減税が行われて、有効需要を下支えする。さらに、社会保障の中でも雇用保険は、失業者に対して失業等給付が行われるので、同様に有効需要を下支えする。景気がよくなると失業者は減り、失業等給付も行われなくなる。

　タイム・ラグの解消のためには、とりわけ議会の厄介な手続きを省くことが問題となる。これは、議会が政府に対して所得税率および公共投資、政府支出を変更する権限を与えることを意味する。フィスカル・ポリシーの可能性と限界を考えるとき、常に問題となる点は、議会が政府にどの程度の裁量権限を移譲しうるかということである。ある一定の条件内で政府に裁量を認める考え方が、**フォーミュラ・フレクシビリティー**（Formula flexibility）＝定式的伸縮性である。だがこれは、財政民主主義（詳細は第2章を参照せよ）に密接した問題を惹起することになる。政府による、より効果的で自由裁量的なフィスカル・ポリシー実現には壁が立ちはだかっている。

5　現代財政の課題

　政府（財政）に期待される役割は、財政学が成立した18世紀から現在の21世紀まで、増大し続けている（図1-8）。

　それは、予算規模の増大となって現れてもいる（経費膨張については第3章を

参照せよ）。日本の2021（令和3）年度当初予算は、106兆6097億円の規模となっている（表1-7）。1975（昭和50）年度の一般会計歳出は20兆9000億円であった。およそ40年後の2019（令和元）年度に100兆円を超え、以来100兆円超えの予算規模となっている。こうした状況の中で日本の財政が直面している課題、すなわち**プライマリー・バランス（基礎的財政収支）**の赤字と、1000兆円を超える国と地方の長期債務残高について検討しよう。まず、プライマリー・バランスは、税収等収入（⑤＋⑥）から基礎的財政収支対象経費（②＋③）を引くことで求められ、赤字となっている。

　　　プライマリー・バランス

　　　　＝税収等収入（⑤＋⑥）－基礎的財政収支対象経費（②＋③）

　　　　＝63兆127億円－82兆8509億円

　　　　＝－19兆8382億円

　日本のプライマリー・バランスは赤字が続いている。プライマリー・バランスが赤字である限り、国債償還が進まないので債務残高は減らない。近年の日本の歴代政権は、ケインズやフィスカル・ポリシーの考え方を採用し、

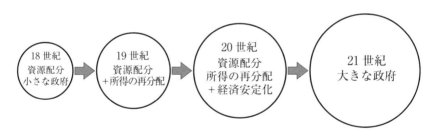

図 1-8　小さな政府から大きな政府へ

表 1-7　2021（令和3）年度当初予算

(億円)

歳出			1,066,097	歳入		1,066,097
基礎的財政収支対象経費 828,509	①国債費		237,588		④公債金	435,970
	②一般歳出	社会保障関係費 その他	669,020	税収等収入 630,127	⑤税収及び印紙収入	574,480
					⑥その他収入	55,647
	③地方交付税等		159,489			

政策を発動してきた。そこでの目標は、デフレ克服、財政健全化、プライマリー・バランスの黒字化であった。とりわけ安倍政権は、アベノミクスとして三本の矢（大胆な金融政策、機動的な財政政策、投資を喚起する成長戦略）を発表した。円安と、マネーサプライ（貨幣供給量）の増大を目指す日銀の金融緩和と、政府による公共投資増大と規制緩和。これらにより企業業績を好転させて、投資の拡大、雇用の拡大、賃金の拡大、消費の拡大を実現しようとしたのである。しかしそれでも、思ったように国民所得は増えず、基礎的財政収支は赤字のままで、債務残高も1000兆円を超えて増え続けている。日本にとって最善なのは、景気が回復して国民所得が増え、その分税収が増えて、基礎的財政収支が黒字化することである。しかしながらこれを期待することはなかなか難しい。基礎的財政収支を黒字化するにはやはり、歳入増（増税）によってその分借金返済をする、一般歳出の削減によってその分借金返済をする、あるいは両者を同時に行うことで借金返済をする、これしか方法はない。政府はこれまで、消費増税による歳入増加分は、社会保障の充実と財政赤字削減に使用していく、としていた。そして2019年に消費税は10％に増税された。少子高齢化が進む日本において、プライマリー・バランスの均衡または黒字化は最重要な課題である。政府には細心の注意を払った財政運営が求められる。

　財政学界はケインズ理論が支配しているが、ケインズ理論には様々な観点からの批判がある。その中でも、民主主義の下ではケインズ政策が財政赤字を生み出すという、**ブキャナン**（J. M. Buchanan Jr. 1919-2013）の批判は注目すべきである（Buchanan and Wagner 1977）。

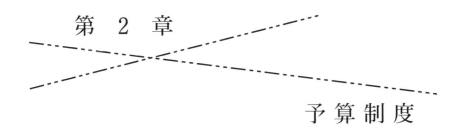

第　2　章

予算制度

1　財政民主主義

1）財政民主主義の推移

　財政は強制性をもっていることを特徴とする（強制獲得経済）。この財政を合法化、正当化する原理が**財政民主主義**である。日本国憲法は、戦前の反省に立って、国民主権、基本的人権の尊重、平和主義を根本原理とした。それは当然、日本の財政制度にも反映されており、そこにおいては、主権者である国民が財政にかかわるすべての事項を決定できるようにすることで財政を正当化する。ここに財政民主主義が採用される理由がある。

　憲法は、第 1 条において国民主権を謳い、その代表者で構成される国会を「国権の最高機関であつて、国の唯一の立法機関である」（第41条）と規定した。財政は国会の議決によって運営される。したがって財政民主主義は国会を中心として考えられなければならない（国会中心主義）。憲法は「第 7 章　財政」に 9 カ条を置いているが、その最初にある第83条は、「国の財政を処理する権限は、国会の議決に基いて、これを行使しなければならない」と規定し、財政における**国会中心主義**を明示している。

　財政民主主義は歴史的に形成されてきたものである。イギリスにおいては、マグナ・カルタ（1215年）の第12条「いっさいの兵役免除金なり、御用金なりは、朕の王国の一般評議会を経てでなければ、朕の王国においては、これを課することのないものとする」（田中 1973：45）、権利請願（1628年）では「今後何人も、国家制定法による一般的同意なしには、いかなる贈与、貸

付、上納金、税金、その他同種の負担をなし、またはそれに応ずるよう強制されないこと」（高木ほか 1957：60）、さらに権利章典（1689年）では「大権に名を借り、国会の承認なしに、（国会が）みとめ、もしくはみとむべき期間よりも長い期間、または（国会が）みとめ、またはみとむべき態様と異なった態様で、王の使用に供するために金銭を徴収することは、違法である」（高木ほか 1957：82）と規定されて、市民革命によって王権の恣意的な権力行使を抑え、人民の意思を国会を通じて実現することが可能となっていった。

　財政民主主義にかかわる予算制度は、シュメルダースによれば３つの段階を経ているという（Schmölders 1970：63. 訳：86-87）。各国によってその歴史的展開は異なっている。イギリスの場合も、それは漸次的であって、３段階をはっきりと画することは困難であるが、次のような過程をたどっている。

　第１段階　議会が課税に対する承認権（収入に対する承認権、課税承認権）を獲得。これは既述の権利請願、権利章典によって実現する。

　第２段階　議会が財政支出に対する承認権を獲得（支出に対する承認権）。これは、1665年チャールズ２世が対オランダ戦費調達に際して、議会が承認した使用目的以外には経費を支出しない「経費充当条項」を国王が受諾したことによって実現する（An Act for granting the summe of Twelve hundred and fiftie thousand pounds to the Kings Majestie for His present further Supply［Rot. Parl. 17C. II. nu. 1. 1665］、および、An Act for raising Moneys by a Poll, and otherwise towards the Maintenance of the present Warr［Annis18° & 19° Carloli, II. 1666］、§ 33. Repayment of Monies lent how to be secured.）（Raithby 1819：570-574, 584-597. Figley and Tidmarsh 2009：1226）。

　第３段階　収入と支出に対する２つの承認権の統合。これは、毎年、予算の編成から決算に至るまで議会が予算を統制する権限を獲得したことを意味し、イギリスにおいては1860年代（グラッドストン）に完成されていく。

2）日本国憲法における財政規定

　日本国憲法第７章財政の第83条「国の財政を処理する権限は、国会の議決に基いて、これを行使しなければならない」は前述の通り、財政民主主義、

国会中心主義を明示しており、歳入法定・租税法定、予算承認、決算審議などの議決を国会が行う。

　国会を中心とする財政民主主義は現憲法において、次の**租税法律主義**、**予算承認の原則**、**決算審議・予算執行監督の原則**、**下院優越の原則**、に実現される。

(1)　租税法律主義

　歳入法定・租税法定の原則であり、憲法第84条に規定されている。第84条の「あらたに租税を課し、又は現行の租税を変更するには、法律又は法律の定める条件によることを必要とする」は、歳入法定・租税法定を明示している。憲法29条は財産権の不可侵を規定しているが、そのすぐ後の第30条で納税の義務を規定している。納税義務の具体的内容・方法について国民の承認を得るため、国会が議決するのである。

(2)　予算承認の原則

　歳入・歳出予算を国会が審議・承認する原則であり、憲法第83条、第85条、第86条に規定されている。

　歳入の国会承認は、歳出に対する承認を前提として行われると考えられるので（財政の量出制入の原則）、第85条は「国費を支出し、又は国が債務を負担するには、国会の議決に基くことを必要とする」と規定し、さらに第86条は「内閣は、毎会計年度の予算を作成し、国会に提出して、その審議を受け議決を経なければならない」として、歳入歳出全般にわたって予算（予算総則、歳入歳出予算、継続費、繰越明許費および国庫債務負担行為）を国会は議決する。

(3)　決算審議・予算執行監督の原則

　歳入・歳出の結果は決算という形で国会が審議する原則であり、憲法第90条に規定されている。これにより予算執行を監督することが可能となる。

　第90条第1項は「国の収入支出の決算は、すべて毎年会計検査院がこれを検査し、内閣は、次の年度に、その検査報告とともに、これを国会に提出しなければならない」としている。会計検査院は憲法上の独立機関として活動する。

⑷ 下院優越の原則

 2院制の場合、国民の意思をより反映しやすい下院に予算先議と議決の優越とを認める原則であり、憲法第60条に規定されている。

 第60条第1項「予算は、さきに衆議院に提出しなければならない」では、衆議院に予算先議権を認め、第2項「予算について、参議院で衆議院と異なつた議決をした場合に、法律の定めるところにより、両議院の協議会を開いても意見が一致しないとき、又は参議院が、衆議院の可決した予算を受け取つた後、国会休会中の期間を除いて30日以内に、議決しないときは、衆議院の議決を国会の議決とする」では、衆議院に議決の優越を認めている。

 また、憲法第7章には、第87条予備費、第88条皇室財産・皇室の費用、第89条公の財産の支出又は利用の制限、第91条財政状況の報告、がそれぞれ規定されている。

 さらには、第7章以外にも、第2章第9条には戦争放棄の規定があり、予算に軍事費を計上することは許されない。第3章国民の権利及び義務においては、第25条に生存権、国の社会的使命が規定されているほか、第8章において地方自治も規定されており、これら憲法の精神を予算に反映させなければならない。

2 予 算 制 度

1）予算の意義

 政府は、資源配分機能、所得の再分配機能、経済安定機能など様々な役割を期待されている。国民・住民の期待に応えるために、政府は貨幣を獲得し、それを管理し、使用する。この活動が財政にほかならない。予算は、字義的には「予め算する」ものであるが、一般には、政府（内閣）が作成する「一会計年度の収入・支出の見積り・計画」を指す。つまり予算は、こうした財政活動を規律するための予定的計画である。

 予算は、私経済の予算とは異なる性質を有している。私経済の予算は、拘

束力をもたないので経済主体は自由に変更が可能である。しかしながら国の予算はそれができない。政府は、自身がこの 1 年間で果たすべき役割に、どれだけの費用がかかり、それをどのように調達すべきかを予算に盛り込まねばならない。つまり、内閣は予算を作成して国会に提出しなければならない（憲法第73条 5 号）。国民は、政府の計画を国会で議決することを通じて、政府の計画にその実行権限を付与することができる。政府は、国会が付与した権限の範囲内で財政を営むことができる。国会の議決に反するような予算の執行は許されない。予算は政府を拘束するので、予算は国民による政府への統制手段となる。

　財政法第16条では「予算は、**予算総則、歳入歳出予算、継続費、繰越明許費及び国庫債務負担行為**とする」と規定されている。

　⑴　**予算総則**（財政法第22条）

　歳入歳出予算、継続費、繰越明許費および国庫債務負担行為に関する総括的規定のほか、公債の限度額（同条 1 号）や予算執行に関する必要な事項（同条 6 号）が規定される。

　⑵　**歳入歳出予算**

　予算の本体。一般に予算という場合、一般会計予算の歳入歳出予算を指す場合が多い。

　⑶　**継続費**（財政法第14条の 2 ）

　工事、製造その他の事業で、その完成に数年度を要するものについて、経費の総額および年割額を定め、予め国会の議決を経て、数年度（ 5 ヵ年度）にわたって支出されるもの。

　⑷　**繰越明許費**（財政法第14条の 3 ）

　歳出予算の経費のうち、その性質上または予算成立後の事由に基づき年度内にその支出が終わらない見込みのあるものについて、予め国会の議決を経て、翌年度に繰り越して使用することができるもの。

　⑸　**国庫債務負担行為**（財政法第15条）

　国が債務を負担する行為をなす場合、予め予算をもって国会の議決を経なければならないもの。

2) 予算の種類

⑴　一般会計、特別会計、政府関係機関予算

　財政法第13条の規定により、国の会計は一般会計と特別会計に二分されている。つまり**一般会計予算**と**特別会計予算**がそれぞれ作成されるのである。そして同第16条の規定によって両予算は、上記の⑴予算総則、⑵歳入歳出予算、⑶継続費、⑷繰越明許費、⑸国庫債務負担行為からそれぞれ構成される。

　さらに一般会計予算と特別会計予算に加えて、**政府関係機関予算**も存在する。

　①　一般会計予算　　一般会計は、国の一般の歳入歳出を経理する会計であり、その予算が一般会計予算である。

　②　特別会計予算　　財政法第13条第2項にあるように、「国が特定の事業を行う場合、特定の資金を保有してその運用を行う場合その他特定の歳入を以て特定の歳出に充て一般の歳入歳出と区分して経理する必要がある場合に限り、法律を以て、特別会計を設置する」ことができる。この特別会計を設けることによって、

- ●事業の内容や性格によっては、受益と負担の関係や事業ごとの収支をより明確にすることができる。
- ●それにより、適正な受益者負担、事業収入の確保や歳出削減努力を促すことができる。
- ●特別会計の特例である弾力条項や特例的規定の設置等により、弾力的・効率的な運営が可能となる。

といった効果が期待されている。

　しかし、特別会計が2006（平成18）年度時点で31も設けられるに及んで、予算が複雑でわかりにくいとの反省から、現在、特別会計は13にまで縮減されている。

```
1   交付税及び譲与税配付金
2   地震再保険
3   国債整理基金
4   外国為替資金
5   財政投融資
6   エネルギー対策
7   労働保険
8   年金保険
9   食料安定供給
10  国有林野事業債務管理
11  特許
12  自動車安全
13  東日本大震災復興
```

③　政府関係機関予算　　政府関係機関は、特別の法律によって設立された法人で、その資本金は全額政府出資となっている。政府関係機関予算は国会の議決を必要とする。現在、次の4つが存在する。

```
・沖縄振興開発金融公庫
・株式会社日本政策金融公庫
・株式会社国際協力銀行
・独立行政法人国際協力機構有償資金協力部門
```

これら①②③の予算はそれぞれ独立したものではない。一般会計から特別会計、政府関係機関へ財源の繰入れを行ったり、逆に特別会計や政府関係機関から一般会計へ事業で発生した利益の繰入れを行っていて、予算上の重複がある（図2-1参照）。そこで国の予算を全体として理解するためには、それら重複部分を控除した形で示す必要がある。重複部分を控除したものを予算の純計と呼ぶ。

⑵　**本予算（当初予算）、補正予算、暫定予算**

通常、予算は会計年度が開始する前までに成立しなければならない。この予算を**本予算**、あるいは当初予算と呼ぶ。財政法第29条は、義務費の不足を補う場合、あるいは政策変更などによる予算作成後に生じた事由に基づき特に緊要となった経費の支出を行う場合など、本予算成立後の変更を認めている。これを**補正予算**と呼ぶ。内閣は、本予算同様、補正予算を国会に提出して、国会の議決を経なければならない。また財政法第30条は、何らかの理由

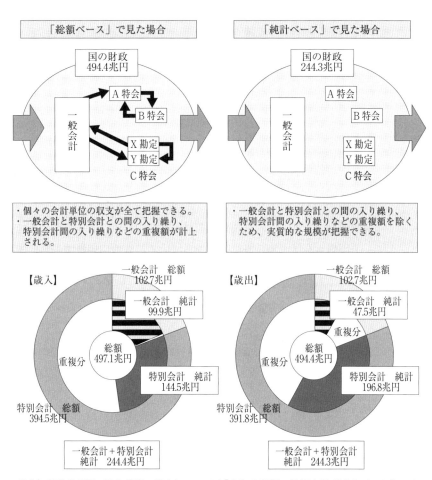

出典）財務省「国の財政規模の見方について」『令和2年版 特別会計ガイドブック』p.28。

図2-1 総額と純計の違い（2020〔令和2〕年度予算）

で本予算が会計年度の開始までに成立しなかった場合、必要に応じて一会計年度のうちの一定期間にかかわる**暫定予算**の作成を認めている。やはり、内閣は暫定予算を国会に提出して、国会の議決を経なければならない。本予算成立後は、暫定予算は失効して、本予算に吸収される。

3) 予算の過程

(1) 予算の編成

　次年度の予算編成は、**概算要求基準（シーリング）**の閣議了解から始まる。予算の編成を実質的に担当するのは財務大臣、財務省である。財務省は、各省庁からの概算要求を検討して、12月下旬、財務省原案を閣議に提示する。その後、復活折衝が行われた最終案が策定され、政府案として国会に提出されることになる。

(2) 予算の審議

　憲法第60条第 1 項の規定により、内閣は予算を最初に衆議院に提出する。衆議院は、予算先議権を有しており、参議院に先んじて予算を審議する。衆議院では、本会議における首相の施政方針演説、そして、財務大臣の財政演説によって審議が始まる。財政演説に対する各党の代表による質疑（代表質問）が行われた後、予算は予算委員会に付託され、実質審議がなされる。予算委員会では公聴会も開かれ（国会法第51条第 2 項）、予算が採決される。採決後、予算は衆議院本会議に報告され、議決されることになる。

　衆議院での議決後は、参議院に送付される。参議院が、衆議院と異なった議決をした場合には、法律の定めるところにより、両議院の協議会を開いても意見が一致しないとき、または、参議院が、衆議院の可決した予算を受け取った後、国会休会中の期間を除いて30日以内に、議決しないときは、衆議院の議決を国会の議決とする（憲法第60条第 2 項）。

(3) 予算の執行

　予算が成立すると、内閣は予算の執行権限が付与されたことになる。予算の執行は 3 段階の手続きを経る。

　① 予算の配賦（財政法第31条第 1 項）　内閣は各省庁の長に、執行すべき歳入歳出予算を配賦する。

　② 支出負担行為（財政法第34条の 2 第 1 項）　各省庁の長は、国の支出の原因となる契約その他の行為を行う。

　③ 支出行為（会計法第15条）　各省庁の長は、歳出予算に基づいて支出

しようとする場合は、現金ではなく、日本銀行を支払人とする小切手を振り出す。

⑷ 決　算

決算によって、毎会計年度の終了（出納完結）後、国の収入支出の実績を予算と比較して示し、その結果を明らかにしなければならない。すなわち決算は、予算の執行が行われた後、その使用が不正なく予算の目的に合致し、かつ所期の効果を挙げることができたか否か、あるいは、歳入の見積りに比して実際の収納はどのようであったかなどを調査し、これを明確にするものであり、将来の予算使用の適正化、効率化ならびに収納の確実化のための資料、そして財政計画を立てる場合の重要な資料となるべきものである。

会計年度は3月31日で終了するが、予算決算及び会計令第1章第3節「出納整理期限」の規定によって、歳入金の収納期限、歳出金の支出・支払い期限は4月30日までとされている。出納整理期限後、財政法第37条、そして予算決算及び会計令第20条により、各省庁の長は、歳入歳出の決算報告書を7月31日までに財務大臣に送付しなければならない。財務大臣は、歳入歳出の決算を作成し（財政法第38条）、内閣はそれを11月30日までに会計検査院に送付しなければならない（財政法第39条）。会計検査院の検査を経た後、内閣は歳入歳出決算を翌年度開会の常会において国会に提出することになる（憲法第90条、財政法第40条）。国会では決算の承認（可決）、不承認（否決）が議決される。2007（平成19）年度歳入歳出決算は2009（平成21）年7月、参議院において不承認とされた。仮に、決算が不承認となっても、それまでの歳入歳出の効力は覆るわけではない。

このように予算は、当該年度においては前年度の決算、当該年度の予算執行、次年度の予算編成、という予算の過程が表2-1のように同時並行的に営まれている。

4）財政投融資計画

政府は予算のほか、財政投融資を通じても財政の役割を果たしている。財政投融資は、有償資金等を活用して特定の事業等を政策的に支援する仕組み

表2-1　予算・決算の過程

予算編成　7月　　　　　　概算要求基準（シーリング）閣議了解
　　　　　8月31日　　　各省庁からの概算要求
　　　　　12月　　　　　財務省原案閣議提出
　　　　　　　　　　　　復活折衝
　　　　　12月末　　　　政府案の閣議決定
　　　　　1月　　　　　政府案国会提出
　　　　　　　　　　　　国会審議
　　　　　3月31日まで　予算成立

予算執行　4月1日　　　会計年度開始

決算　　　3月31日　　　会計年度終了
　　　　　4月30日　　　支出・支払い期限
　　　　　7月31日まで　財務大臣への決算報告書の送付
　　　　　　　　　　　　財務大臣による決算作成
　　　　　11月30日まで　内閣による会計検査院への決算送付
　　　　　　　　　　　　会計検査院の検査
　　　　　　　　　　　　内閣による国会への決算提出
　　　　　　　　　　　　国会の議決（決算の承認・不承認）

　　　　　　　7月--------　次年度予算編成　------3月▶
　　4月----------------　当該年度予算執行　----------------▶
　　　5月----------------　昨年度決算　------------▶

であって、「**第2の予算**」とも称されている。資金供給の具体的な手法（原資）として(1)**財政融資**、(2)**産業投資**、(3)**政府保証**の3つがある。財政投融資は(1)(2)(3)の原資ごとに特別会計予算総則、財政投融資特別会計投資勘定予算、一般会計予算総則という形式で、国会の議決を受けなければならない。

(1)　財　政　融　資

　財政融資資金は、財政投融資特別会計国債（財投債）の発行を通じて金融市場から調達した資金等が中心となっている。そして財政融資資金は、政府が支援するに相応しい事業を行う財投機関（政策金融機関や地方公共団体等）に有償で供給される。財投機関はそれを原資として、国民、企業、地域等に対して事業を行い、資金を返済する。

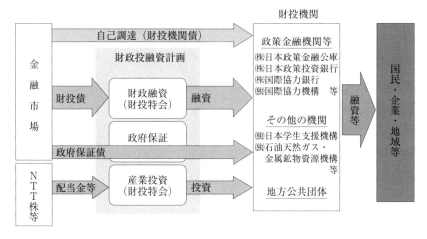

図2-2　財政投融資の仕組み

(2)　産業投資

産業投資は、政策的必要性が高くリターン（収益）が長期的に期待できるものの、リスク（危険）が高く民間だけでは十分に資金が供給されない事業に対して、長期リスクマネー（リターンが出るまで長期的に耐えうる資金等）を供給する。

(3)　政府保証

政府金融機関や独立行政法人等が、債券を発行して金融市場から資金調達する際に、政府がその元利金の支払いを保証することで、事業に必要な資金を円滑かつ有利に調達するのを助けるものである。

このように、財政投融資は、国が財投機関（財政投融資を活用している機関）に対して有償資金を供給し、財投機関はそれを原資として事業を行い、その事業からの回収金等によって資金を返済するという金融的手法が用いられている。

3　予算原則

　予算原則は予算がその諸機能を果たすためにしたがわなければならないとされる諸基準・要求である。現行の予算制度は古典的・**伝統的予算原則**の支配下にあり、財政民主主義の理念と密接に関連している。予算原則は、国民が議会を通じて予算を統制するために確立されてきたものである。

1）伝統的予算原則

　予算原則は、予算の内容・形式に適用されるものと、予算の編成から執行までの過程に適用されるものとに二分される。ここではノイマルク（F. Neumark. 1900-1991）にならった予算原則（Neumark 1952：572-595）と、関連の条文を表2-2にしたがって紹介する。

⑴　完全性の原則

　政府のすべての支出と収入を含む予算が作成されなければならないということであり、財政法第14条は「歳入歳出は、すべて、これを予算に編入しなければならない」と規定している。予算に計上されない隠れた資金が存在すると、国民や議会の統制が及ばなくなるからである。この**完全性の原則**から、予算に計上される、ある一定の目的のための支出額は、その行政に伴う収入額を差し引いた残額であってはならず、また、収入予算の側も、収入を上げるに要する行政費用を事前に差し引いた収入額であってはならない、と

表2-2　予算原則と関連条文

形式・内容	⑴完全性	財政法 14 条
	⑵単一性（統一性）	財政法 14 条　（例外：同 13 条第 2 項、目的税）
	⑶明瞭性	財政法 23 条　憲法 91 条　財政法 46 条
予算過程	⑷厳密性	
	⑸事前性	財政法 27 条　同 30 条
	⑹限定性	
	①質的限定性	財政法 32 条　同 33 条
	②量的限定性	（例外：財政法 29 条　憲法 87 条）
	③時間的限定性	財政法 11、12 条　（例外：財政法 14 条の 2、3）
	⑺公開性	憲法 91 条　財政法 46 条　財政法 23 条

いう総計予算主義（総額予算主義）が派生する。つまり、相互に関連する収入・支出を相殺した後の純額を表示する（**純計予算主義**）のではなく、それ以前における収入・支出の総額を計上することで、予算の全過程が明らかにされることが要求される。

⑵　単一性（統一性）の原則

政府の全収支は総合的に、単一の予算に計上されなければならないという原則である。個別的に特定の収支を結び付けるべきではないということから、**ノン・アフェクタシオン**（Non-affectation）の原則ともいわれる。これは①完全性の原則を補完するものである。複数の予算が存在すると財政操作の余地が生まれ、やはり議会の統制が及ばない可能性が発生するからである。しかしながら財政法第13条第2項は、「国が特定の事業を行う場合、特定の資金を保有してその運用を行う場合その他特定の歳入を以て特定の歳出に充て一般の歳入歳出と区分して経理する必要がある場合に限り、法律を以て、特別会計を設置するものとする」と規定して、特別会計を例外的に設置することを認めている。このほかの例外としては目的税がある。②**単一性（統一性）の原則**は予算を通じて政府活動の全体を統制するための原則であって、すべての支出をまかなうためにすべての収入が一般財源として管理される国庫統一制度が必要である。

⑶　明瞭性の原則

予算は国民に対して明瞭でなければならないという原則である。それが不明瞭でいかなる行政活動が行われているのか理解できない、あるいは責任の所在がわからないようでは、以下の公開性の原則にも反することになる。したがって、予算は明瞭に理解できるものであることが要求される。

財政法第23条は「歳入歳出予算は、その収入又は支出に関係のある部局等の組織の別に区分し、その部局等内においては、更に歳入にあつては、その性質に従つて部に大別し、且つ、各部中においてはこれを款項に区分し、歳出にあつては、その目的に従つてこれを項に区分しなければならない」と規定して、予算科目が設定される。

⑷　厳密性の原則

　予算の見積りはできるだけ厳密でなければならないという原則である。もちろん予算は財政収支に関する見積り＝予測であるから、決算とくい違いが生じることもある。しかし予算額と決算額との間に重大な差異があったとすれば、次の⑸事前性の原則や⑺公開性の原則の意味が失われることになる。その結果、予算による政府活動を統制することが困難となる。したがって、予算と決算とは可能な限り差異を少なくすることが要求されるのである。

⑸　事前性の原則

　予算は会計年度の開始前に決定されなければならないという原則である。もし予算の成立に先立って予算の執行が行われ、その事後承認という形で議決が要請されるならば、国会の予算審議権が形骸化することになる。そこで財政法第27条は「内閣は、毎会計年度の予算を、前年度の1月中に、国会に提出するのを常例とする」ことを求めている。しかし現実には会計年度開始以前に予算が成立しないこともある。そのような事態に対処するため戦前では、大日本帝国憲法第71条で施行予算制度が採用されていたが、現在では予算不成立の場合、暫定予算の制度（財政法第30条）が設けられている。これにより「予算の空白」が回避される。

⑹　限定性の原則

　予算は、計画的な財政運営のための拘束力あるいは限定性が確保されなければならないという原則である。この原則も公開性の原則を補完するものといえる。これは3つの小原則に分かれる。

　①　質的限定性の原則　　予算上の項目または予算に定められた使途以外に、他の予算の費目を流用することはできないとする原則である（流用禁止の原則）。これは費目にかかわる質的拘束性・限定性を規定している。そもそも財政法第32条は「各省各庁の長は、歳出予算及び継続費については、各項に定める目的の外にこれを使用することができない」として、予算の目的外使用を禁止している。そして同第33条第1項では「各省各庁の長は、歳出予算又は継続費の定める各部局等の経費の金額又は部局等内の各項の経費の金額については、各部局等の間又は各項の間において彼此移用することができ

ない。但し、予算の執行上の必要に基き、あらかじめ予算をもつて国会の議決を経た場合に限り、財務大臣の承認を経て移用することができる」。同第2項「各省各庁の長は、各目の経費の金額については、財務大臣の承認を経なければ、目の間において、彼此流用することができない」と、法律上、部局等間、項間での移用と目間での流用とを区別しながらこれらを原則禁じている。

②　量的限定性の原則　　予算額を超えた支出はできないとする原則である（超過支出の禁止の原則）。これは金額にかかわる量的拘束性・限定性を規定している。もし予算額を超えた支出が必要な場合には、補正予算（財政法第29条）、そして予備費（憲法第87条、財政法第24条、同第35条）がある。

③　時間的限定性の原則　　各会計年度の経費はその年度の収入をもってまかなわなければならず、またその会計年度を越えて支出されてはならないという原則（**会計年度独立主義**）である。財政法第11条は「国の会計年度は、毎年4月1日に始まり、翌年3月31日に終るものとする」、同12条は「各会計年度における経費は、その年度の歳入を以て、これを支弁しなければならない」として、時間的拘束性・限定性を規定している。この例外として、継続費、繰越明許費（また災害の発生など避けがたい事故により年度内に支出を終えられなかった場合に翌年度に繰り越す事故繰越）が認められている。

(7)　公開性の原則

財政面から政府活動をコントロールし監督するためには、まず予算や財政状況が国民に公開されなければならない。公開性の原則は、財政民主主義の根本原則である。予算公開の実を挙げるためには、第1に予算案、（成立）予算、決算が文書で、定期的に、わかりやすい形式で公表されること、第2に予算問題に関する国会審議が公開されること、第3に予算問題に関して批判的意見を表明することに、何ら不利益が生じえないこと、が必要である。そのため憲法第91条は「内閣は、国会及び国民に対し、定期に、少くとも毎年一回、国の財政状況について報告しなければならない」と規定するほか、財政法第46条でも「内閣は、予算が成立したときは、直ちに予算、前前年度の歳入歳出決算並びに公債、借入金及び国有財産の現在高その他財政に関する

一般の事項について、印刷物、講演その他適当な方法で国民に報告しなければならない」と規定している。さらに財政公開にあたっては、日進月歩で発達を遂げている情報通信技術の利用が推進されている（財政法第46条の２、同条の３、同条の４）。

2）現代的予算原則

財政民主主義の成立過程は、議会が国王の権力を抑制し、自らが財政権を獲得していく過程をたどっており、それは予算原則にも反映されている。しかし財政規模の拡大と機能の多様化に伴って、効率的かつ能率的な財政の管理運営が要求される事態となっている。そこで、アメリカの予算局長官を務めたH. D. スミス（H.D. Smith. 1898-1947）は、その実務経験から立法府の統制と行政府の執行との調和を目指して、**現代的予算原則**を主張する（Smith 1945：90-93. 訳：18-19）。

⑴　**行政府予算計画の原則**

予算は、行政府長官（＝大統領）の計画を反映する。予算の編成は、行政府長官が形成する計画全体に密接かつ直接に連動するように行われなければならない。

⑵　**行政府予算責任の原則**

行政府長官は、各行政機関の計画が立法府の意図に沿って最も経済的（安価）に執行されるよう監視する責任をもつ。

⑶　**予算報告の原則**

予算の編成・審議・執行は、政府各部局（機関）から提出される財政・業務報告を基礎としなければならない。業務進行状態に関する最新の情報が立法府と行政府に提供されなければならない。このような報告がなければ予算は、あてずっぽうで恣意的なものになってしまう。

⑷　**適切な予算「手段」の原則**

行政府が責任を果たすためには、適切な管理手段を具備しなければならない。行政府長官は、適当な職員が配置された直轄の予算機関をもたなければならない。加えて、立法府の意図を最も経済的に実行できるよう、ある種の

権限を行政府にもたせなければならない。これらの権限には、支出許容額を月ごとにあるいは四半期ごとに割り当てる権限と、支出許容額から予備金を設ける権限が含まれる。前述の各機関報告制度も行政府予算の本質的手段となる。

⑸　多元的予算手続きの原則

予算手続きは、政府の諸活動の多様なタイプ——経常的行政機能、長期の建設・開発プログラム、財の売買のような準商業的機能、金融的機能——に対応して、効率的管理のために多様でなければならない。

⑹　行政府予算裁量の原則

支出許容項目があまりに狭く規定されると、効率的・経済的運営が妨げられてしまう。法に規定された目的を達成する的確な手段の決定は、行政府（の裁量）に委ねるべきである。

⑺　時期弾力性の原則

予算には、フィスカル・ポリシーが対処すべき経済状況の変化に即座に適応できる条項が含められなければならない。立法府が、たとえばある建設・開発計画に対して、期限を延長した資金支出を認めるのであれば、時期の弾力性が実現できる。そうなれば行政府は、経済的必要性に応じて計画の時期を修正できる。

⑻　相互的予算組織の原則

予算編成と予算執行は行政府長官によって指導されなければならないが、予算を効率化するには、各機関およびその主要部局の積極的協力が必要である。予算は、中央の機能であるだけではなく、全行政機構に浸透すべき過程でもある。予算および計画の責任を負っている中央の官庁と各部局との交流は相互に行わなければならない。

立法府の統制を求める伝統的予算原則と、行政府に裁量と自由を認める現代的予算原則は対立するものではなく、これらは調和が可能であると、スミスは考えている。財政規模が大きくなればなるほど、議会が全面的に財政を統制することは次第に困難化せざるをえない。伝統的予算原則を堅持しつ

つ、その範囲内で新しい現代的予算原則が求められるのである。

4　予算制度の課題

　予算制度は財政民主主義を中心にして構築されてきた。しかしながら、議会が単に行政府を統制すればよいという時代ではなくなった。それが現代的予算原則の主張にもつながっているからである。日本の場合は、少子高齢社会に伴う経費膨張、公債残高の累増などによって、財政の硬直化が懸念されている。こうした事態は、皮肉なことに、財政民主主義の手続きを重視した結果、招来されたともいえる。政府は、経費が膨張しながらも、政権維持のために歳出削減と歳入増大（増税）という国民に不人気な政策はとらず、借金に頼ってきたからである。限られた財源の中で、効率的に結果を出すことが求められる。これまでにも、次のような様々な予算改革が目指されてきた（神野 2021：133-141）。

1）国民経済予算

　第1次大戦後、北欧諸国における複式予算制度の導入、すなわち、複式簿記会計が予算制度に取り入れられる。反復して必要とされる経費を計上する経常予算と、耐久性のある資産の取得に充てられる経費を計上する資本予算の2つに予算を分けていく。前者は単年度収支均衡が、後者は数年度にわたる収支均衡が認められる。これにより財政を景気調整の手段として利用することが可能となる。さらに第2次大戦後、国民経済計算体系が発展してくると、国民経済計算に政府の政策目標が加味された**国民経済予算**が構想される。国民経済予算では、予算が国民経済に与える効果を明らかにすることができる。つまり、政府部門が民間部門にどのような影響を与えるのかを次式のように明示できることになる。

$$国内総生産 = 消費 + 投資 + 政府支出 + 輸出 - 輸入$$
$$消費 + 貯蓄 + 租税 = 消費 + 投資 + 政府支出 + 経常収支$$
$$（投資 - 貯蓄） + （政府支出 - 租税） + 経常収支 = 0$$

2) 政策評価と事業別予算

　政策評価は、政府の政策として遂行される事業の効果を明確にしようとする予算改革である。その先駆けが**事業別予算**である。事業別予算は組織別、性質別にではなく、機能別に分類することが求められる。さらにそこでは、**費用・便益分析**が用いられる。政府による投資が将来にわたってもたらす総利益と、投資によって将来にわたって発生する総費用を、利子率で割り引いた現在価値で両者を比較し、前者が後者を上回るものが選択されるというものである。しかしながらこうした費用・便益分析を予算に適用するためには困難も伴う。第1に、費用と便益の範囲を確定することが難しい。自然環境や景観を費用の中にどこまで含めることができるのか、外部性をもっている公共財の便益の範囲をどこまで確定できるのか、という問題である。第2に費用と便益を市場価値で評価することが難しい。直接的費用（人件費、物件費）は市場価格で評価できても、間接的費用（環境破壊、景観破壊）の評価は困難である。第3に、どのような利子率であれば費用・便益を現在価値に正しく割り引くことができるのか、確定していない。費用・便益分析は現在のところ、上記3つの問題が克服できていない。これらは評価者の恣意によって費用・便益の値が大きく変化してしまうことを意味している。

　費用・便益分析を取り込み、事業別予算を発展させた予算改革が企画・計画・予算制度（PPBS：Planning-Programming-Budgeting-System）である。しかしこれは、目標の数量化や効果測定の困難性のために挫折してしまう。政策評価は、評価者の恣意性を排除できないのである。

3) 財政計画と予算政策

　財政を長期にわたって計画化するのが財政計画、予算政策である。予算は単年度主義に基づいている。公共事業にしろ社会保障制度にしろ、事業・制度が実施されると、それを維持（・補修）していくための費用は義務的経費となっていき、削減しづらい。後年度に財政硬直化を招く結果となる。長期的な財政計画は、後年度負担あるいは事後的費用を明確化するものであり、

　また、単年度主義に基づく予算が、国民経済にどのような影響を及ぼすのか
ということを明らかにするものである。

　以上、このような 3 つの改革が模索されてきたが、いずれも実を挙げるま
でには至っていないのが現状である。財務省は、2003（平成15）年度決算分
から「国の財務書類」（貸借対照表）を作成・公表しているが、2019（平成31）
年度、2020（令和 2 ）年度の貸借対照表は表 2 - 3 の通りである。
　公表の目的は、ストックの観点も加味した企業会計の考え方を活用して国
の財政状況、資産状況を開示することにある。まず、2020（令和 2 ）年度の
資産合計はおよそ681兆2600億円、負債合計はおよそ1273兆700億円で、およ
そ591兆8100億円の債務超過に陥っている。債務超過の額は年々増大してお
り、日本におけるこうした深刻な債務超過状態こそ、予算改革、予算制度改
革の必要性を緊急のものにしているのである。2006（平成18）年の「経済財
政運営と構造改革に関する基本方針2006」（基本方針2006）において、当時の
小泉政権は、2011（平成23）年度には国と地方の**プライマリー・バランス（基
礎的財政収支）**を黒字化することを目標に掲げた。しかしその後の歴代政権
も、プライマリー・バランスの黒字化を達成できていない。少子高齢化、税
収の伸び悩み、自然災害、国際情勢の混迷化、コロナ感染症などがその原因
に挙げられているが、巨額の借金を返済すると同時に、経済を安定的に成長
させるという重大な課題に日本は直面している。

表 2 - 3　貸借対照表

（単位：百万円）

	2019 年度 （平成 31 年 3 月 31 日）	2020 年度 （令和 2 年 3 月 31 日）		2019 年度 （平成 31 年 3 月 31 日）	2020 年度 （令和 2 年 3 月 31 日）
〈資産の部〉			〈負債の部〉		
現金・預金	51,327,860	46,109,086	未払金	10,520,276	10,634,335
有価証券	119,600,975	126,486,388	支払備金	269,838	280,568
たな卸資産	4,306,128	4,252,567	未払費用	1,192,054	1,157,445
未収金	5,353,180	6,391,512	保管金等	1,125,993	1,206,206
未収収益	729,587	657,712	前受金	52,039	53,481
未収（再）保険料	4,687,900	4,694,101	前受収益	30,422	684,719
前払費用	4,703,908	4,177,909	未経過（再） 保険料	36,514	30,238
貸付金	108,861,002	107,182,985	賞与引当金	340,743	346,638
運用寄託金	112,693,217	113,203,276	政府短期証券	76,101,566	77,483,680
その他の債権等	3,827,748	4,258,542	公債	986,064,569	998,805,367
貸倒引当金	△1,498,715	△1,411,713	借入金	31,920,685	32,360,084
有形固定資産	184,381,760	188,651,909	預託金	6,364,850	5,908,994
無形固定資産	305,438	328,410	責任準備金	9,374,528	9,531,414
出資金	75,387,964	76,280,147	公的年金預り金	120,758,887	121,185,912
			退職給付引当金	6,420,104	5,949,686
			その他の債務等	7,451,601	7,454,159
			負債合計	1,258,024,676	1,273,072,935
			〈資産・負債差額の部〉		
			資産・負債差額	△583,356,718	△591,810,097
資産合計	674,667,957	681,262,837	負債及び資産・ 負債差額合計	674,667,957	681,262,837

出典）財務省「令和元年度　国の財務書類」p.1。

第 3 章

政府支出の理論と実際

1 政府支出の理論

1）経費の意義

　財政における**経費**（public expenditure）とは、政府の活動に要する費用のことである。政府の活動は様々で、国防、外交、司法、警察、文教、公共事業、社会保障、一般行政など、多種多方面にわたっている。財政制度からは、経費は**歳出**（expenditure）として捉えられ、政府が法令その他に基づいて行う各種の政策や行政活動を具体的に金額に評価して、どのような政策をどれだけ行うかを示すものである。また実際にかかった経費と政策や行政の成果を検討してみれば、政府の活動にどれだけの経費がかかり、どれだけ効率的であったかを示すことになる。

　政府が行う、資源配分の効率化、所得の再分配の公正化、経済安定化など様々な活動に要する経費は、効率的に使われているのか、財政上の経費が国民経済にとって必要なのかどうか、経費が増大するのはよいことかどうかなどについては、**古典派**（classical school）以来常に問題にされてきた。

　従来の家計は、**量入制出**（入るを量って出ずるを制す）**の原則**、国家財政は、**量出制入**（出ずるを量って入るを制す）**の原則**が妥当するとされてきた。そこでは、必要な経費が与えられたものとしてあり、国家財政需要を充足するため、いかに収入を調達するかが財政本来の課題とされてきた。しかし現在は、国家財政の場合も、限られた収入をいかに有効に支出するかという効率的な財政運営、すなわち資源配分が重要な課題となっている。

2) 経　費　論

⑴　最近の経費論

　20世紀に入ってから、リンダール、ピグー、ボウエン、さらに最近では、サミュエルソン、マスグレイブ、ブキャナン等による公共経済学的アプローチ、すなわち、資源配分の効率化の視点から経費の性質や効率を問題にする考え方が現れた。これは財政上の経費支出によって供給される財・サービスが、市場で取引される一般の財・サービスとは異なる性質をもつことに着目し、このような公共サービスを市場メカニズムによらずに、効率的に供給するための諸条件を検討するものである。

　さらに、**費用・便益分析**（cost-benefit analysis）をはじめ、最近の経費論では、政府支出が所得の分配面でどの程度社会的公正に寄与しているか、政府支出が国民の福祉にとって**ナショナル・ミニマム**（national minimum）を公平に保証するものであるかどうかへの関心が強くなっている。特に、社会保障制度を通じて給付される年金や医療、公的扶助などの移転的支出の再分配機能、各種の制度間格差、世代間格差の問題等が経費論の解明すべき課題となっている。

⑵　公共財の理論

　公共財（public goods）については、**市場の失敗**（market failure）における原因の一環として、市場で供給可能な**民間財**（private goods）との対比でその特徴が分析されている。

　公共財とは、すべての人々に共通に使用・消費される財であり、等量消費の財・サービスと定義され、次の性質をもつとされる。

　①　**非競合性**（non-rivalness）　　これは、ある個人の消費が他の個人の消費と競合しないこと、すべての人々に利用されることを意味する。たとえば、誰でも利用できる公園のような公共財が一度供給されると、社会のすべての構成員に無差別に利益が及ぶことになる。

　②　**非排除性**（non-excludability）　　これは、ある個人の消費により、他の誰かをその利用から排除するものではないこと。たとえば、一般道路は有料

表 3 - 1　公共財と民間財の関係

財の種類	根　　拠	配分方法	例
純粋公共財 （社会財）	社会的（公的）欲求	公共部門による配分	国防、警察、消防
準公共財 （価値財）	公的欲求・私的欲求	公共・民間部門による配分	教育、医療、住宅
民間財	純私的欲求	民間部門による配分	私的財・サービス

出典）佐藤・関口 2019：113 より作成。

道路と違って、料金を払わない人々を排除することができない。

　公共財の規定はほかにもあり、分割不可能性、外部性、結合性といった概念で説明する場合もある。以上のような性質をもった公共財の供給は、供給と反対給付による市場経済は機能せず、予算を通じての公的供給で行われることになる。

　公共財として政府によって供給されているものの中には、国防、警察、消防といった市場でまったく供給不可能な財が存在する。一方で、住宅、交通、医療というように、市場で供給可能な財もある。前者の財を**純粋公共財**と呼び、後者は、民間でも供給可能であるが、政府による供給を要請する性質が強い財として**準公共財（混合財）**と呼び両者を区別している（表 3 - 1 参照）。なお、マスグレイブは、**社会財**（公共財）と**価値財**（merit goods）とを区別しており、後者は、公共財と民間財の中間に位置するものとしている（マスグレイブ 1983：62-66）。

2　政府支出の膨張要因

1）経費膨張の法則

（1）　ワグナーの経費膨張の法則

　ドイツの財政学者**ワグナー**は、19世紀末に「国家活動ないし経費の膨張の法則」を提唱した。この法則は、近代国家の経費が、特に19世紀以降、資本主義の発展につれて一般的に増大してゆく傾向をもつということを意味す

る。この傾向は、国家経費の対国民所得比率によって実証されるが、その原因は、政府活動の範囲の拡大と複雑化、特に軍事費、社会保障関係費の増大によるところが大きい。

　ワグナーは、社会の進歩が経費膨張の基本的原因であるとし、社会が進歩して制度や機構が複雑になると、市場機能の円滑化に必要な法、秩序の維持に必要な経費や、輸送、通信、教育、金融制度などの社会的・文化的諸制度の整備に要する経費の増大が必要になると指摘した。この法則は、その後の歴史の過程を通じて現在まで存在し続けているが、経費膨張の原因は社会の進歩よりも、戦争や不況のような要因に帰せられる場合が多い。

　⑵　その他の法則

　ワグナーの後継者たちによって第1次大戦期以降に発展させられた歴史的な法則に、次の3つがある。

　①　ポーピッツの法則　　ポーピッツ（J. Popitz. 1884-1945）にちなんだ法則。これは「上位機関の財政の吸引力の法則」ともいい、財政の中央集権化傾向を指摘したものである。

　②　ブレヒトの法則　　ブレヒト（A. Brecht. 1884-1977）にちなんだ法則。これは、人口の都市集中と年経費の割高を指摘するもので、「地方団体の規模増大に伴う行政費増大の法則」ともいわれる。

　③　ティムの理論　　ティム（H. Timm. 1911-1987）は、ワグナーの法則の解明を目指し、国家経費膨張（政府支出の伸び率が、国民所得の伸び率を上回る形）が長期的に生じる理由として、自然的、制度的2つのタイムラグの存在を説明した。その後、ベック（U. Beck. 1944-2015）、レクテンワルト（H. C. Recktenwald. 1920-1990）、マスグレイブなど、国家経費の膨張に否定的な見解もあらわれた。

2）転位効果理論と集中過程

　⑴　ピーコックとワイズマンの仮説

　その後、イギリスの**ピーコック**（A. T. Peacock. 1922-2014）と**ワイズマン**（J. Wiseman. 1919-1991）は、イギリスの政府支出の長期実証分析を行い、政府支

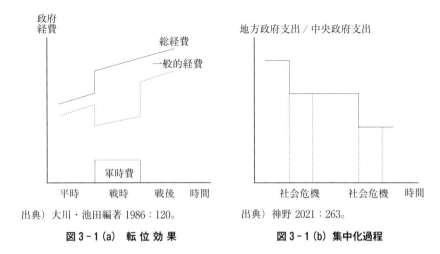

出典）大川・池田編著 1986：120。

図 3 - 1 (a)　転 位 効 果

出典）神野 2021：263。

図 3 - 1 (b)　集中化過程

出の長期的変化の中に、2つの特徴を見出した（図3-1(a)参照）。

　第1に、政府支出の増加率はGDPの成長率より高い。しかし戦争や不況のような大きな社会的動乱期に政府支出が急増して高水準に達し、平時になるとそれは減少するが、以前の水準までは戻らず、以前より高い水準に転位してしまうという**転位効果**（displacement effect）がある。これは、戦争や社会的動乱期には、平時には出てこない重要問題をよく調べて解決にあたるという点検効果が生ずるために経費が増加しやすい。

　この転位効果仮説について、イギリスでは第1次と第2次大戦がその画期となっているが、アメリカ、ドイツ、カナダでは、1929（昭和4）年の大恐慌が画期となるといった研究も出ている。また日本の場合、財政支出の転位効果はあまり見られないという特徴があり、その適用範囲や説明にはまだ課題が残ると指摘されている（佐藤・関口 2019：122-123）。

　第2に、社会の発展とともに公共部門の中の中央政府の占める割合が増大していくという**集中化過程**（concentration process, 図3-1(b)）が認められる。この理由は、均一の公共サービスの要求、経済的効率性の要求、そして集中化された政府の役割を、戦後すぐ分権化することの困難さにあるとされる。

(2)　現代官僚制と経費膨張

　公共選択論（public choice theory）の提唱者である**ブキャナン**は、民主主義

的政治体制の下で、ケインズ主義的経済政策が適用される場合、財政の膨張傾向が不可避であるとした。また公共サービスの独占的供給者の官僚は、財政膨張にその地位の保全を求めるという仮説も有力である。ここでは、①官僚は中位の確実な投票者として政治的に配慮される。②官僚は高級官僚と政党との癒着という形で、政治生活の中に組み込まれている。③官僚は公共サービスの独占的供給者として、民間サービスによる代替に反対する、といった観点が、次第に受け入れられるようになった。もっともこうした考え方は、それなりの意義はあるが現代国家の経費膨張を捉える理論としては、様々な観点から補強されなければならない。

⑶　ボーモルの不均衡成長仮説

ボーモル（W. J. Baumol. 1922-2017）は、公共部門における公共サービスの生産に着目し、それは民間部門に比べて労働生産性が低いという特徴があることを指摘し、経費膨張を次のような仮説で説明した。①両部門の生産とも労働だけでなされ、労働投入量と生産量は一次同時の生産関数である。②私的財では労働生産性の向上があるのに対し、公共サービスの生産ではそれが固定している。③公共、民間両部門で雇用される労働の総量は一定で、両部門の賃金率は等しい。④賃金率も民間部門の生産性の上昇に応じて成長する、という前提である。

これらから、民間部門では、生産性の上昇に伴って賃金率も上昇するので生産物の単位費用は一定であるが、公共部門では、生産性の上昇がないのに賃金率だけ上昇するため、生産物の単位費用が限りなく上昇するという仮説である（横山ほか 2009：183-184）。

3）政府支出の大きさ

⑴　OECD諸国の政府支出

経済構造の中で、政府支出の割合がどの程度であるかを知ることで、公共部門の相対的な重要性がわかる。他の先進諸国と比較した、近年のわが国の政府支出規模を考える。

OECD諸国（主要7カ国）の中で、財政支出の対GDP比を比較すると表

表3-2　OECD諸国（主要7カ国）の政府支出および収入の関係

（対GDP比：%）

国名	年度	政府の総支出		政府の社会保障支出		社会保障以外の支出		政府の租税収入	
		GDP比	順位	GDP比	順位	GDP比	順位	GDP比	順位
日本	1991	31.7	24	12.2	24	19.4	21	20.8	22
	2021	39.0	23	23.7	11	15.3	30	18.5	28
アメリカ	1991	38.7	20	13.3	20	25.4	12	20.1	23
	2021	38.1	27	16.9	25	21.2	12	18.4	29
イギリス	1991	43.2	19	21.2	13	22.0	20	28.3	11
	2021	41.0	21	22.5	17	18.6	26	26.5	13
ドイツ	1991	46.3	14	24.0	10	22.2	19	22.3	19
	2021	45.2	11	27.1	7	18.1	27	24.1	17
フランス	1991	51.5	11	27.2	5	24.3	17	23.8	17
	2021	55.3	1	31.7	1	23.6	4	30.4	5
イタリア	1991	54.0	7	22.7	11	31.3	4	25.6	15
	2021	48.6	7	28.0	6	20.7	15	29.1	8
スウェーデン	1991	65.5	1	34.7	1	30.8	2	35.3	3
	2021	49.1	6	25.9	9	23.1	6	33.5	2

注）1．順位はOECD31カ国中の順位（1991年は24カ国中の順位）。
　　2．日本は2019年度実績、諸外国は2019年度実績（韓国、オーストラリアは2018年度実績、リトアニアは2017年度実績）。
資料）内閣府「国民経済計算」、"OECD：National Accounts" "Revenue Statistics"等。
出典）財務省「日本の財政関係資料集」平成23年9月版pp.37-38、同令和3年10月版p.11より作成。

3-2のようになる。上位はフランス55.3%（30カ国中1位）、イタリア48.6%（同7位）で、わが国の政府総支出は対GDP比で39.0%（同23位）と、OECD諸国の中で低い水準となっている。その中で政府の社会保障支出は、フランス31.7%（同1位）、イタリア28.0%（同6位）、ドイツ27.1%（同7位）が高く、わが国も高齢化を反映して23.7%（同11位）と中程度にある。これに対して、社会保障以外の支出は、フランス23.6%（同4位）、スウェーデン23.1%（同6位）が高く、わが国は15.3%（同30位）と国際的にも低水準にあることがわかる。

　日本、ドイツ、フランス、イタリアでは、社会保障支出の順位が上昇する一方で、社会保障以外の支出の順位が下がる傾向が見られる。これは社会インフラの整備や教育など、いわば将来への投資に相当する分野に、予算を振り向けることが容易ではない構造になっていると考えられる。一方で租税収

入は、スウェーデン33.5％（同2位）、フランス30.4％（同5位）が高く、わが国は18.5％（同28位）とOECD諸国と比較して低い水準となっている（「日本の財政関係資料」平成23年9月版、同令和3年10月版）。

(2) 主要国の財政収支（国際比較）

図3-2は、各国の財政収支の推移である。マイナスだと支出超過（財政赤字）、プラスだと収入超過（財政黒字）となる。わが国の財政収支の推移を見ると、1970年代の赤字から、増税なき財政再建により80年代は一時黒字に転換する。しかし90年代からバブル崩壊による景気低迷に伴い、財政収支が急激に悪化する。2000年からは、財政健全化により赤字は減少するが、2008年秋のリーマンショックの影響により、他の主要国と同様に悪化した。

その後、わが国の財政収支は改善傾向にあったが、新型コロナウィルス感染症への対応のため、2020年はリーマンショックを超える赤字幅になり、アメ

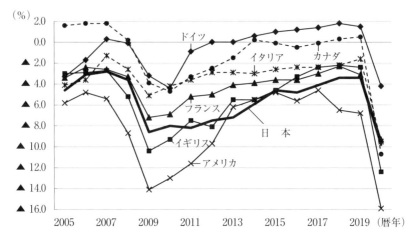

出典）財務省「日本の財政関係資料」令和3年10月版 p.13。
資料）OECD "Economic Outlook109"（2021年5月31日）
注）1. 数値は一般政府（中央政府、地方政府、社会保障基金を合わせたもの）ベース。ただし日本は社会保障基金、米国は社会保障年金信託基金を除いた値。
　　2. 2020年は日本のみ推計値。なお2021年については、日本：−6.3％、米国：−15.9％、英国：−9.1％、ドイツ：−4.5％、フランス：−8.4％、イタリア：−11.4％、カナダ：−6.0％と推計されている。

図3-2 財政収支の国際比較

リカ－12.8％、イギリス－10.7％、カナダ－10.3％、に次ぎ－9.6％（イタリア
－9.5％、フランス－9.3％と同程度）で、先進国の中でも最悪の財政収支となって
いる（図3-2）。わが国は、追加的な増税や歳出削減をしなければ財政収支
が黒字にならない財政構造であること、財政の持続可能性を検証するプライ
マリー・バランス（基礎的財政収支）の改善も、他の先進国と比べ遅れている
ことが指摘されている（土居 2021：45-48）。

3　政府支出の構造

1）経費の分類

⑴　経費の分類とその内容

　公共支出の問題を具体的に検討するためには、公共支出の規模を見るだけ
では十分でない。むしろ経費の内容を検討することによって、一国の財政の
性格やその国の計画などが明確になる。さらに経費は、その内容が国民や国
会に最も理解しやすいように明瞭に分類されて示されなければならない。会
計責任の所在、経費の国民経済への効果を明確にするためにも有効な経費の
区分や分類が必要である。

　国の一般会計の経費分類には、次に述べるように、⑴**主要経費別**、⑵**所管
別**、⑶**目的別**、⑷**使途別**の分類がある。あるいは、①支出主体別・会計別分
類、②経済的性質別分類、③機能別・目的別分類という分類の仕方もある。

⑵　主要経費別分類

　主要経費別分類は、一般会計歳出がその年度の政府の政策に、どのように
配分されているかを主要な政策別に示すものである。各経費は、年度別に見
ると表3-3のようになっている。主要経費として示される項目は、政策の
重点の推移とともに年度によって変化してきている。中でも、社会保障関係
費、公共事業関係費、地方交付税交付金、国債費、文教及び科学振興費は、
他の経費と比べて一般会計予算の中で高い割合を占めている。特に2020年度
は、新型コロナウィルス対策のための医療費、中小企業対策など、補正予算

表3-3　一般会計歳出予算（主要経費別累年比較）

区　分	戦前 1930-40 予算額	構成比	1960 予算額	構成比	1970 予算額	構成比	1980 予算額	構成比
社会保障関係費	166	0.7	1,796	11.4	11,371	14.3	82,124	19.3
文教及び科学振興費	1,506	6.6	2,130	13.6	9,257	11.6	45,250	10.6
国債費	3,860	16.9	274	1.7	2,909	3.7	53,104	12.5
恩給関係費	1,745	7.6	1,318	8.4	2,991	3.8	16,400	3.9
地方交付税交付金	67	0.3	2,865	18.3	16,629	20.9	73,877	17.3
防衛関係費	10,231	44.8	1,569	10.0	5,695	7.2	22,302	5.2
公共事業関係費	1,695	7.4	2,866	18.3	14,099	17.7	66,554	15.6
経済協力費	−	−	48	0.3	828	1.0	3,826	0.9
中小企業対策費	8	0.0	26	0.2	503	0.6	2,435	0.6
エネルギー対策費	−	−	−	−	−	−	4,241	1.0
食糧安定供給関係費	−	−	112	0.7	3,830	4.8	9,556	2.2
産業投資特別会計への繰入れ	−	−	−	−	936	1.2	−	−
その他の事項経費	3,265	14.3	2,193	14.0	9,259	11.6	42,721	10
予備費	313	1.4	80	0.5	1,100	1.4	3,500	0.8
その他	−	−	420	2.7	90	0.1	−	−
合計%	22,856	100	15,697	100.0	79,497	100.0	425,888	100

区　分	1990 予算額	構成比	2000 予算額	構成比	2010 予算額	構成比	2020 補正後	構成比
社会保障関係費	116,148	17.5	178,156	19.8	272,686	29.5	441,795	25.1
文教及び科学振興費	51,129	7.7	68,287	7.6	55,860	6.1	93,769	5.3
国債費	142,886	21.6	214,461	23.9	206,491	22.4	230,246	13.1
恩給関係費	18,375	2.8	14,253	1.6	7,144	0.8	1,748	0.1
地方交付税交付金	152,751	23.1	158,289	17.6	170,945	18.5	160,306	9.1
防衛関係費	41,593	6.3	49,337	5.5	47,903	5.2	56,758	3.2
公共事業関係費	62,147	9.4	114,930	12.8	57,731	6.3	92,692	5.3
経済協力費	7,845	1.2	9,945	1.1	5,822	0.6	7,900	0.4
中小企業対策費	1,943	0.3	9,365	1.0	1,911	0.2	261,767	14.9
エネルギー対策費	5,476	0.8	6,469	0.7	8,420	0.9	10,236	0.6
食糧安定供給関係費	3,952	0.6	7,821	0.9	11,599	1.3	18,430	1.0
産業投資特別会計への繰入れ	13,000	2.0	1,595	0.2	−	−	−	−
その他の事項経費	41,622	6.3	57,794	6.4	51,968	5.6	277,474	15.8
予備費	3,500	0.5	2,000	0.2	3,500	0.4	5,000	0.3
その他	−	−	5,000	0.6	−	−	−	−
新型コロナウィルス感染症対策	−	−	−	−	−	−	1,756,878	100.0
合計%	662,368	100	897,702	100	922,992	100	96,500	5.5

注）1．予算額はすべて補正後予算である（単位は予算額：億円、構成比：%）。
　　2．2020年度予算（当初）は1,008,791億円であったが、新型コロナ対策など3回の補正
　　　予算が大幅に増額され、1,756,878億円（補正後）まで予算が増大された。
出典）財務省財務総合政策研究所『財政金融統計月報（予算特集：毎年版）』より作成。

の増額が行われた。

　2021（令和 3）年度の一般会計当初予算の主要経費別内訳を見ると、社会保障関係費33.6％、国債費22.3％、地方交付税交付金15.0％、公共事業関係費5.7％、文教及び科学振興費5.1％、防衛関係費5.0％となっている。

(3)　所管別分類

　所管別分類は、国の経費を行政組織別に分類したもので、省庁別、省庁の内部部局別、地方支部部局別などの態様がある。この分類は、経費を支出する責任主体を明確にするために用いられる。表 3 - 4 から、支出が多いのは、社会保障（年金、医療保険、生活保護など）を担当する厚生労働省33兆1380億円（31.1％）、多額の国債費を負担する財務省30兆5248億円（28.6％）、地方公共団

表 3 - 4　所管別分類

区　　分	2021	
	予算額	構成比
皇室費	124	0.01
国会	1,312	0.12
裁判所	3,254	0.31
会計検査院	168	0.02
内閣	3,801	0.36
内閣府	39,669	3.72
デジタル庁	368	0.03
総務省	165,952	15.6
法務省	7,431	0.70
外務省	6,959	0.65
財務省	305,248	28.6
文部科学省	52,980	4.97
厚生労働省	331,380	31.1
農林水産省	21,234	1.99
経済産業省	9,170	0.86
国土交通省	60,578	5.68
環境省	3,233	0.30
防衛省	53,235	4.99
合計	1,066,097	100.0

注）2021（令和 3）年度は当初予算（単位は予算額：億円、構成比：％）。
出典）財務省財務総合政策研究所『財政金融統計月報（予算特集：2021 年 5 月号）』より作成。

表 3 - 5　目的別分類

区　　分	2021	
	予算額	構成比
国家機関費	50,848	4.8
地方財政費	160,259	15.0
防衛関係費	53,379	5.0
国土保全開発費	61,608	5.8
産業経済費	26,815	2.5
教育文化費	51,439	4.8
社会保障関係費	364,258	34.2
恩給費	1,442	0.1
国債費	237,588	22.3
新型コロナウィルス感染症対策予備費	50,000	4.7
予備費	5,000	0.5
その他	3,462	0.3
総額	1,066,097	100.0

注）2021（令和 3）年度は当初予算（単位は予算額：億円、構成比：％）。
出典）財務省財務総合政策研究所『財政金融統計月報（予算特集：2021 年 5 月号）』より作成。

表3-6　使途別分類

区　分	2021	
	予算額	構成比
人件費	45,020	4.2
旅　費	1,085	0.1
物件費	33,510	3.1
施設費	37,227	3.5
補助費・委託費	322,608	30.3
他会計へ繰入れ	557,197	52.3
その他	69,452	6.5
合計	1,066,097	100.0

注）2021（令和3）年度は当初予算（単位は予算額：億円、構成比：％）。
出典）財務省財務総合政策研究所『財政金融統計月報（予算特集：2021年5月号）』より作成。

体を援助する総務省16兆5952億円（15.6％）の順となっている。次いで、道路整備、治山治水などの公共土木事業の中心となる国土交通省、防衛費を含んでいる防衛省、公費教育を担当する文部科学省、内閣の重要施策を検討し実施する内閣府、農業を保護・育成するため多くの支出を行っている農林水産省であり、ほかは極端に支出が少なくなっている。政府機関はおおむね事業ごとのまとまりをもって省庁、その下に部局を設けているが、場合によると同じ目的をもっている事業がいくつかの省にまたがって実施され、縦割り行政の弊害といわれる支障が生じることも考えられる。

(4)　目的別分類

目的別分類は、経費が国家のどのような機能に配分されるかを行政目的別に体系的に分類したもので、表3-5に示されるような項目からなる。主要経費別分類のように項目の変化がないため、時系列的な比較に便利である。また地方財政（一般会計）の経費の目的別分類とも相互の重複を調整して統計が捉えられるので有効な分類である。

(5)　使途別分類

使途別分類は、経費を経済的性質によって歳出全体を分類したものである。

その項目は、表3-6に示される通りで「人件費」「物件費」「補助費・委託費」など7個の費目にまとめてある。しかしこの中で「他会計へ繰入れ」「その他」の費目がかなりの部分を占め、経費の最終的な使途が明瞭でない部分も多い。これは、他会計繰入れの対象となっている特別会計の数が増えたこと、地方公共団体の財源としての地方交付税が増えていることに原因がある。

2）経費の特徴とその構造

（1）　経費の特徴

　次に、わが国の経費構造の特徴を時系列的に見てみる。前出の表 3 - 3 から戦前と戦後とを比較すると、まず、戦前の1930（昭和 5 ）～1940（昭和15）年においては、防衛関係費と国債費の割合が大きい。特に、戦時体制が始まる1940年の防衛関係費は72.6％にも達している。一方で地方財政費、国土保全および開発費、教育文化費、社会保障関係費の割合が小さいという特徴がある。

　次に戦後の経費の特徴として、一般会計予算の中で社会保障関係費、国債費、地方財政関係費、公共事業関係費、文教及び科学振興費が、他の経費と比べて高い比率を占めている。特に地方財政関係費の増加は、地方交付税、地方譲与税、国庫支出金等、戦後日本の国と地方との財政関係や財政制度の変革によるものである。

（2）　国の一般歳入、一般歳出

　図 3 - 3 は、わが国の2021（令和 3 ）年度**一般会計予算**（当初）における主要な歳入予算と歳出予算の大きさをグラフに示したものである。

　2021年度予算は、国・地方の債務残高がGDPの 2 倍を超えて膨らむなど、厳しい状況にある中で、経済財政運営に万全を期すとともに、「経済財政運営と改革の基本方針2020」に基づき、経済・財政の一体改革を推進すること、デフレ脱却と経済再生の道筋を確かなものとしつつ、歳出、歳入両面からの改革を推進することとした。特に医療供給体制の強化、成長力強化のためのデジタル改革・グリーン社会の実現、生産性向上と賃金底上げによる好循環の実現、安心・安全に向けた環境づくり、災害復興や防災対応の強化など、財政健全化を進めつつ、メリハリの効いた予算編成を目指している。こうした結果、一般歳出は66兆9020億円（前年当初予算比 5 兆1837億円増）、これに地方交付税交付金等15兆9489億円（同1396億円増）、国債費23兆7588億円（同4073億円）を合わせた一般会計の総額は、106兆6097億円（同 5 兆7306億円増）となっている（財務総合政策研究所 2021：17-18）。

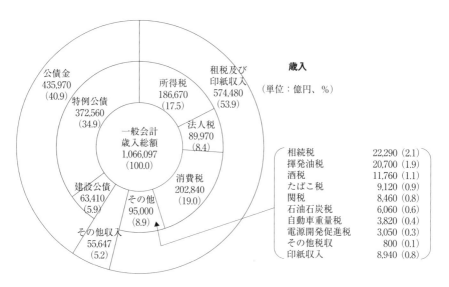

歳入

（単位：億円、％）

公債金 435,970 (40.9)
特例公債 372,560 (34.9)
所得税 186,670 (17.5)
租税及び印紙収入 574,480 (53.9)
法人税 89,970 (8.4)
一般会計歳入総額 1,066,097 (100.0)
消費税 202,840 (19.0)
建設公債 63,410 (5.9)
その他 95,000 (8.9)
その他収入 55,647 (5.2)

相続税　　　　　22,290 (2.1)
揮発油税　　　　20,700 (1.9)
酒税　　　　　　11,760 (1.1)
たばこ税　　　　 9,120 (0.9)
関税　　　　　　 8,460 (0.8)
石油石炭税　　　 6,060 (0.6)
自動車重量税　　 3,820 (0.4)
電源開発促進税　 3,050 (0.3)
その他税収　　　　 800 (0.1)
印紙収入　　　　 8,940 (0.8)

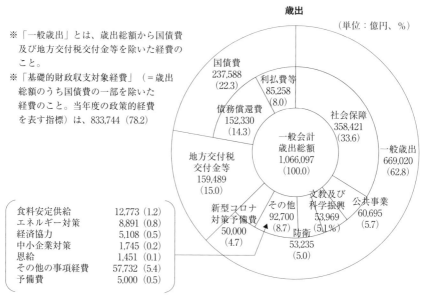

歳出

（単位：億円、％）

※「一般歳出」とは、歳出総額から国債費
　及び地方交付税交付金等を除いた経費の
　こと。
※「基礎的財政収支対象経費」（＝歳出
　総額のうち国債費の一部を除いた
　経費のこと。当年度の政策的経費
　を表す指標）は、833,744 (78.2)

国債費 237,588 (22.3)
利払費等 85,258 (8.0)
債務償還費 152,330 (14.3)
社会保障 358,421 (33.6)
地方交付税交付金等 159,489 (15.0)
一般会計歳出総額 1,066,097 (100.0)
一般歳出 669,020 (62.8)
新型コロナ対策予備費 50,000 (4.7)
その他 92,700 (8.7)
文教及び科学振興 53,969 (5.1%)
公共事業 60,695 (5.7)
防衛 53,235 (5.0)

食料安定供給　　12,773 (1.2)
エネルギー対策　 8,891 (0.8)
経済協力　　　　 5,108 (0.5)
中小企業対策　　 1,745 (0.2)
恩給　　　　　　 1,451 (0.1)
その他の事項経費 57,732 (5.4)
予備費　　　　　 5,000 (0.5)

注）1．計数については、それぞれ四捨五入によっているので、端数において合計とは
　　　合致しないものがある。
　　2．一般歳出における社会保障関係費の割合は53.6％。
出典）財務省「日本の財政関係資料」令和3年4月版 pp.1-2 より作成。

図3-3　歳入予算、歳出予算（2021〔令和3〕年度）

　歳入面では、租税・印紙収入でまかなわれているのは 5 割余にすぎず、残りは、将来世代の負担となる公債金収入（借金）に依存している。租税の場合、景気の過熱や低迷による増収・減収をはじめ、為替変動や企業業績の動向に左右される傾向が強い。これにより将来世代には、何らかの見返りもない租税負担を負わせることになる。

　歳出においては、一般会計から**国債費**と**地方交付税交付金**を除いた**一般歳出**（国の予算として政策的に使うことができる歳出項目）の中では、社会保障関係費、公共事業関係費、文教及び科学振興費、防衛関係費などが主要な項目である。また、1975（昭和50）年以降の特例公債発行に伴う国債費の上昇が、他の政策的な経費に影響を与え、約 4 分の 1 の予算が当初から使用できない状況にある。

4　主要な経費

1）社会保障関係費

⑴　社会保障関係費の概要

　戦後、長期にわたって増加傾向が強かったのが**社会保障関係費**である。社会保障関係費は、一般歳出の中では最も大きな支出項目で、その占める比率は1955（昭和30）年12.0％、1965（昭和40）年18.0％であった。その後、わが国の社会保障制度が拡充した1975（昭和50）年以降は、一般歳出全体の20％を超え、伸び率も、1965～1975年に7.6倍の上昇を示した。その後も同割合は、1975年24.6％、1990（平成 2 ）年31.5％、2000（平成12）年36.9％、2010（平成22）年52.9％、2021（令和 3 ）年53.6％（2021年を除き補正後の数値）と継続して上昇している（図 3 - 4 参照、当初予算と補正後予算の相違により数値は異なる）。

　社会保障関係費が増加したことは、戦後の社会保障制度の整備を反映しているが、わが国では、欧米諸国に比べて制度が未成熟で、給付費の水準も低く、医療保険の費用が約 5 割を占めるという配分の不均衡が見られる。今後も、超高齢社会の到来と社会保障制度の成熟化、その中での福祉志向の高ま

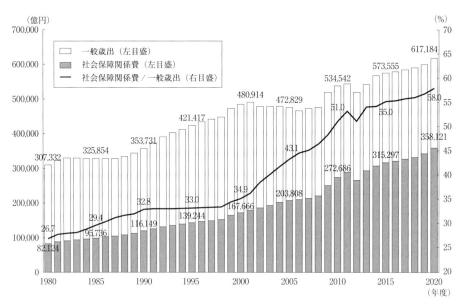

注）係数は、当初予算ベースであり、それぞれ四捨五入している。臨時・特別の措置を除く。
出典）廣光編 2020：97。

図3-4　一般歳出および社会保障関係費の推移

りとあいまって急激な増加が予測されている。

　近年は、高齢化の進展に伴って、社会保障費用（社会保障給付）が年々増加しており、2021（令和3）年度、129兆6000億円（予算ベース、前年比2兆8000億円、2.3％増）で、これは2021年度国民所得の33.6％にあたる。また1人あたりの社会保障給付費の推移を見ると、1960（昭和35）年度に7000円、1980（昭和55）年度に21万2000円、2000（平成12）年度に61万8000円、そして2021（令和3）年度に98万2200円に達している。1960年から2021年の1人あたり国民所得が14万5000円から415万2000円と約30倍の伸びと比較すると、1人あたり社会保障給付費は約140倍の伸びで増加している。

　わが国の社会保障制度は、国民生活の安定や国民の健康の確保を目的としたものであり、具体的にはその方法により、所得保障制度である公的扶助（生活保護等）、社会福祉（児童福祉、老人福祉等）、加入者が保険料を負担する一

方、疾病、老齢になったときに給付が行われる社会保険（医療保険、年金保険等）、結核予防などの公衆衛生および医療（伝染病予防等）、老人保健（老人医療等）に分類される。

社会保障関係費は、大きく①**年金給付費**（旧社会保険費）、②**医療給付費**、③**介護給付費**、④**少子化対策費**、⑤**生活扶助等社会福祉費**、⑥**保健衛生対策費**、⑦**雇用労災対策費**（旧失業対策費）の 7 つの項目に分類される。

主要経費別には、生活扶助等社会福祉費、保健衛生対策費、雇用労災対策費の 3 項目のウェイトが低下したのに対して、年金給付費、医療給付費および介護給付費の増加傾向が見られ、近年ではこれらが全体の約90％を占めている。これは戦後、救貧的な色彩が濃い生活保護や失業対策を中心に始められたわが国の社会保障制度が、社会保険や社会福祉など総合政策的なものへと制度的発展を遂げていったことを示している（高橋編 1993 : 95-96）。

(2) 社会保障の経済効果

社会保障が経済に与える効果として、メリット、デメリットの両面から評価する必要がある。まずメリットとして、国民の健康で文化的な生活を維持する上で、**セーフティ・ネット**（Safety net : 安全網）としての役割を果たしている。社会保障制度が整備されると、様々なリスクへの備えが準備されるため、人々は安心して社会・経済活動をすることができる。

次にデメリットであるが、第 1 に、社会保障の充実により、勤労意欲が失われるという問題点がある。第 2 に、社会保障が充実すれば、私的な貯蓄が減少し、結果として社会全体の資本蓄積を減少させるという効果がある。第 3 に、保険制度が充実すると、人々はリスクに対する備えをおろそかにするという**モラル・ハザード**（moral hazard）の問題がある。

1980年代以降、公的年金制度や医療保険制度の改革が何回か行われ、社会保障費の伸びは抑制されてきた。しかし急速な少子高齢社会への移行を考えると、今後はGDPの伸び率を大きく上回る費用の増大が予想される。社会保障関係費のさらなる抑制を可能にするような公的年金と医療保険の制度改革、また、社会保障の金額だけを議論するのではなく、その支援の内容や政府のサービスの水準と供給の範囲、国民の負担の大きさなども総合的に判断

する必要がある（宮島・井堀編著 2000：35）。なお社会保障関係費については、第6章で詳しく述べる。

2）公共事業関係費

⑴　公共事業関係費の現状

　社会資本整備のための支出の多くは、**公共事業関係費**として分類されている。河川、道路、空港等の公共土木事業や、住宅、公園等の国民生活に直結した施設の整備を行う事業のうち、一般会計予算で実施されるものを一般に公共事業という。

　公共事業関係費は、一般会計歳出の中では社会保障関係費に次ぐ大きな項目であり、最近では財政再建政策で予算が削減されたが、約6兆700億円（2021〔令和3〕年度当初予算では一般会計の5.7％）の金額が、国の予算から支出されている（図3-5参照）。公共事業関係費の内容には、①治山治水対策事業費、②道路整備事業費、③港湾空港鉄道等整備事業費、④住宅都市環境整備

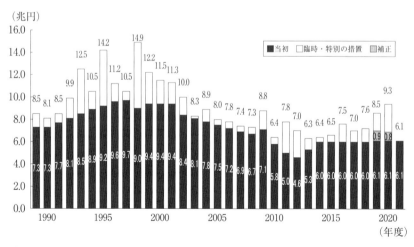

注）NTT-A（一定の公共施設の整備に関する事業を施行する者に対し、施行に要する費用の一部を無利子で貸し付ける貸付業務）を除く。
出典）財務省「日本の財政関係資料」令和3年4月版 p.35。

図3-5　公共事業関係費の推移

事業費、⑤公園水道廃棄物処理等施設整備費、⑥農林水産基盤整備事業費、⑦社会資本総合整備事業費、⑧推進費等がある。

わが国で、公共事業費が重視されてきたのは、a）地理的、気象条件などから治山、治水、災害復旧費が多くかかること、b）戦争等による社会資本の破壊、高度成長下で民間設備投資の急増に対する社会資本のアンバランス是正から、道路、港湾等への公共投資に重点が置かれてきたこと、c）都市問題の発生、福祉要求の高まりから、住宅、下水道、環境衛生等、生活関連の社会資本の整備が必要になってきたこと、などの原因によるものであった。

公共事業政策を年代別に見ると、①昭和20年代は、戦後の災害復旧や国土保全事業が行われる。②昭和30年代は、高度経済成長の下で、投機的支出の道路整備事業など公共土木工事が中心となった。③昭和40年代は、前半は高い成長率を維持し、住宅等生活関連の社会資本整備を中心に運営された。④昭和50年、60年代は、経済の低成長化と厳しい財政状況の下で、総需要抑制政策により公共事業の伸びは低く抑えられた。⑤平成以降では、「公共投資基本計画」（1994、1997年）、「財政構造改革の推進について」（1997年）を基に、財政構造改革の集中期間に、優先的・重点的に整備する社会資本について配分が定められた。⑥2013（平成25）年以降では、東日本大震災復興特別会計の設置、投資の重点化・効率化を図りつつ安全に対する老朽化対策や防災対策、地域活性化につながる取り組みに重点が置かれた。

しかし今日でも、産業関連社会資本に重点を置く公共事業費の支出が、道路や鉄道、農業団体などの圧力団体と結び付き、財政資金の配分が歪められた形で行われていることにも大きな問題がある。社会保障の長期計画が存在しないことと対照的に、公共事業支出はほぼすべての分野で、長期計画に基づく事業執行の形で行われている。個々の事業が問題を抱えていると同時に、計画全体の整合性と指導理念に問題があるとも指摘される。

(2)　公共事業投資の評価

公共投資は、社会資本の整備のために使われる支出である。したがって、長期的に**公的資本ストック**として有益なものが建設されなければならない。

同時に、公共投資は短期的には景気対策としても使われている。すなわち、景気の悪い時期に景気を刺激するため、公共投資を増加させ、有効需要を押し上げて景気の回復に役立てようとするものである。つまり公共投資の場合、供給面での長期的な効果を重視するのか、需要面での短期的な効果を重視するのか、2つの考え方がある。わが国の場合、景気対策や補正予算での短期的な需要面での刺激策（ケインズ的な公共投資の刺激策）に関心が向けられ、長期的にどの程度その公共投資が有益であるのかという観点が乏しいように思われる。

　しかし、需要面から公共投資の効果を測る**公共投資乗数**の値が、高度成長期には4〜5程度であったものが、最近ではその値が小さくなり0から1前後にまで低下している。事後的なデータを見る限り、景気対策の有用性が疑問視されると同時に、公共投資のメリットは小さくなっている（井堀・土居2000：76-78）。

3）防衛関係予算

⑴　防衛関係費

　純粋公共財の代表として、国防が挙げられる。わが国では、1950（昭和25）年に警察予備隊、1952（昭和27）年に保安隊、1954（昭和29）年に自衛隊の創設という形で防衛力の整備が行われた。また憲法第9条の、陸海空軍その他の戦力は保持できないという立場に立って、防衛力整備が進められている。

　第1次防衛力整備計画（1958〜1960年）、同2次（1962〜1966年）、同3次（1967〜1971年）、同4次（1972〜1976年）と続き、1977（昭和52）年以降は、計画は1年ごとに経済財政事情を勘案する単年度方式が採用され、**防衛費**はその歯止めとしてGNPの1％以内とするという枠が設けられた。しかし1987（昭和62）年度予算で1％を突破したため、中期防衛力整備計画に定める所要経費の枠内で決定するという**総額明示方式**が採用された。

　現在は、長期的な防衛力水準のあり方を示す「平成31年度以降に係る防衛計画の大綱」、5年ごとの中期的な主要事業の計画や防衛力整備量を示す「中期防衛力整備計画（平成31年度〜35年度）」に沿って、継続的かつ計画的に

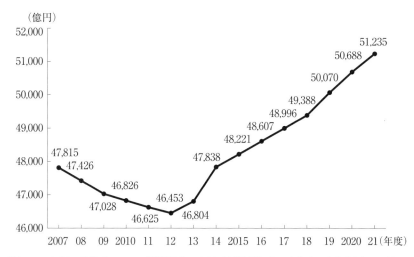

（億円）

注）　1.　上記の計数は、SACO関係経費、米軍再編関係経費のうち地元負担軽減分、新たな
　　　　政府専用機導入に伴う経費及び防災・減災、国土強靭化のための3カ年緊急対策に
　　　　かかる経費を含まない。
　　　2.　令和3（2021）年度予算額には、内閣官房及びデジタル庁に振り替える経費
　　　　（187億円）を含む。
出典）防衛省『令和3年版　防衛白書』p.191。

図3-6　防衛関係費の推移（最近15年間）

実施されている。警戒監視能力や防衛体制を図るとともに厳しい財政の下、
調達改革および一層の効率化・合理化を徹底することとしている。

⑵　防衛関係費の内容と性格

　防衛費の内容には、①人件費・糧食費（42.8％：隊員等に支給される給与および
生活費）、②歳出化経費（37.8％）、③一般物件費（19.4％）がある。近年の防衛
関係費は、人件費・糧食費と歳出化経費を合わせて全体の約8割を占めるな
ど、予算の硬直性が高く、これらの経費の抑制が重要な課題となっている。

　これ以外に、沖縄に関する特別行動委員会（SACO）に必要な経費144億
円、米軍再編関係経費2044億円、政府専用機取得経費3000万円があり、これ
らを除いた防衛関係費は、5兆1048億円（2021〔令和3〕年度）となる。

　防衛関係費の大きさについて、経済学的に明確な説明をするのは困難なこ
とが多い。その理由は、以下の諸点が考えられる。a）公共財を適切に供給

するために、各個人にその公共財に対して、どれだけ支払ってよいか**限界的な便益**（メリット）を聞く必要がある。しかし国民の多くは、防衛費を追加的に増加することによる限界的な便益がわからない。b）政府は、多くの兵器を民間企業から購入するが、これらの財の取引は必ずしも完全競争市場でなされていない。c）諸外国が、わが国の防衛費の増加にどのように反応するかは、防衛費の限界便益を評価する際の重要な要因となる。諸外国も防衛費を増加するのであれば、戦争の危険性だけが増加することになりかねない。したがって防衛費の最適水準については、経済学の枠組みだけで議論するのは不十分であろう（井堀 2008：77-78）。

4）その他の経費

⑴　国　債　費

　1970年代以降の、公債の大量発行と国債債務残高の増加により、一般会計歳出に占める国債費の割合は増加し続けており、一般歳出の低下と財政の硬直化が進んでいる。

　2021（令和3）年度の一般会計予算における国債費は、23兆7588億円（前年比1.7％増）となっており、一般会計の22.3％を占めるに至った。一方で2021年度の新規公債の発行予定は、43兆5970億円（内特例公債37兆2560億円）で、2020（令和2）年に比べて11兆円の増加、公債依存度も31.7％から40.9％への増加となった。

　一方公債の発行状況を見ると、2021年度末の公債（普通国債）残高は990兆3000万円（GDP比177％）程度の見込みである。これに交付国債、借入金、地方の債務を加えた国および地方の長期債務残高は1212兆円（GDP比266.2％）超と見込まれ、わが国の財政事情は、諸外国と比べてきわめて深刻な状況になっている。EUがマーストリヒト条約で定めている基準、すなわち、①毎年の財政赤字が各国GDPの3％を超えないこと、②累積の債務残高の上限を60％とすること、に比べると、日本はこれらの条件を大きく下回ることになる。公債費については後述の第5章で、地方財政については、第8章で詳しく述べる。

(2)　文教及び科学振興費

　2021（令和 3）年度の、一般会計における文教及び科学振興費は、5 兆3969億円となり、一般会計予算の5.1％（一般歳出の8.1％）を占める。わが国のGDPに対する公教育費（初等教育費〜高等教育費）の割合は2.9％で、OECD加盟国の平均4.1％の 7 割となっている（図 3 - 7）。さらに 5 つの主要経費別に見ると、a）義務教育国庫負担金、b）科学技術振興費、c）文教施設費、d）教育振興助成費、e）育英事業費となっている。

　2021年度の文教予算については、①初等教育では、小学校35人以下学級を2021年度から 5 年かけて実現するための法改正を行うこと、部活動指導員やスクールカウンセラー等の外部人材の配置を促進することとしている。②高等教育施策では、大学改革推進のため、国立大学法人運営交付金について、客観的な共通指標による評価に基づく配分を拡充すること、私立大学では、

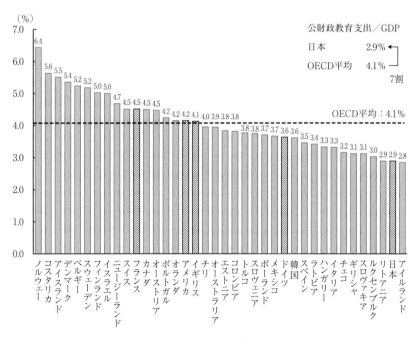

出典）財務省「日本の財政関係資料」令和 3 年 4 月版 p.36。

図 3 - 7　GDPに対する公財政教育支出の割合

教育研究の質の向上に取り組む大学等に重点的に支援を行うこととしている。③奨学金関連では、無利子奨学金の貸与条件を満たす希望者全員への貸与を実施する。④科学技術振興費では、科学技術基盤を充実するとともに、イノベーションを促進することとし、2020年度当初予算に対して108億円増の１兆3673億円を計上している（財務省財務総合政策研究所 2021：22）。

　国が行う公的教育の根拠として、経済の外部性が重要であり、公平性の観点からも正当化できる。すなわち教育の利益は、教育を受ける人だけでなく、社会全体にとっても有益となる。しかし教育は私的利益が大きいことも事実で、もし教育がまったく私的なものであるとすると、教育を受ける機会は、どれだけ教育にお金を支払うことができるかで決まる。これは本人にとって将来の所得の機会を決める上で重要なことである。したがって教育の機会が、親の所得や資産の大小で決められることは公平な社会ではない。

　また教育費の配分に関して、効率性とのトレード・オフの関係がある。教育の公平性を重視するのであれば、福祉教育により多くの援助を行うことになり、効率性を重視するのであれば、限界的な収益の高い高等教育施設を援助することになる（井堀 2008：80-81）。日本は諸外国との比較で、教育投資が低いと評価されている。今後は量的拡大を図るのではなく、費用対効果の観点から最も効果的な施策を検討することが重要となる。

5）　経費論の課題

　近年の予算編成では、「政府の概算要求基準（シーリング）」や、財務省財政制度審議会「予算編成の基本的考え方」、「経済財政運営と改革の基本方針」等をもとに、財政構造改革や歳出削減を意識した予算が作成されている。そして増大する諸経費に対しては、「安上がりの政府論」が展開され無駄な歳出を削減する予算が編成されてきた。しかし一般会計だけではなく、補正予算、特別会計予算、政府関係機関の予算を加えた総合的な政府予算で見ると「肥大化した政府」の姿が現れ、それが日本経済に対する国民の実感に近い感覚と指摘されている（佐藤・関口 1998：132）。

　2017年（平成29）年度予算は、「一億総活躍社会の実現を目指した経済政

策」「安心実現のための緊急総合対策」などの追加対策により約 6 兆円の追加、2020年（令和 2 ）年度は「感染症の防止策と経済構造の転換・好循環の実現」、「国土強靭化の推進など安全・安心の確保」などの追加的予算によりその金額が大きく膨らみ、当初の国民への公約の範囲を超過する事態が常態化している。たとえば、2020（令和 2 ）年度当初予算は、102兆6579億円であったものが、「感染症対策予備費」など 3 回の追加補正予算により、175兆6878億円と、約73兆円もの超過予算となった。

　わが国では、政権が交代するごとに、肥大化した社会保障関係経費や長期的な公債残高の問題が話題となり、財政再建の名の下に経費の削減や緊急性の低い事業への投資が縮小されてきた。しかしそれらの目標も国民の実感からは、いつも掛け声だけに終わり現実に達成されることは少ない。近年の公共事業の見直しでは、道路特定財源の一般財源化や長期計画から社会資本整備の重点目標化へと、内容が大きく変更された。このように急激な公共事業関係費、国・地方を通じた投資的経費の縮減により、インフラの維持ができないなどの事態も生じている。

　今後は、予算編成のあり方や経費の内容も含めて、超高齢社会に直面する諸外国の模範となるような予算とそのシステムづくりが本格的に行われることに期待したい。そして、経済的豊かさとともに真に心の豊かさも実感できる、公平性にのっとった国民全体の生活レベルの向上に資する変革が、最優先の課題である。

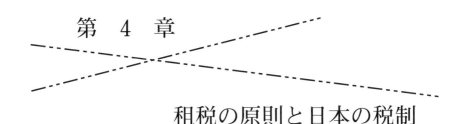

第 4 章

租税の原則と日本の税制

　資源配分、所得の再分配、経済安定化といった機能を果たすために、政府は財源を必要とする。近代国家において、政府は国民への課税または公債の発行によって財源を確保する。この章では、財源確保のための課税について検討する。

1　税の役割と租税原則

1）租税の役割

　租税とは政府が公共サービスを供給するために、強制的にそして何ら特別の対価なしに無償で調達する貨幣である。強制性と無償性がその特徴であり、これが租税と公共料金や使用料、受益者負担金等と異なる点である。

　政府は租税をなぜ強制的に無償で調達することができるのか。それを正当化するための「**租税の根拠**」論には、次の2つの考え方が存在する。一つは租税**利益説**であり、もう一つは租税**義務説**である。租税利益説は、納税者を公共サービス（公共財）の受益者と捉え、税は公共サービスから得る利益に対する対価として位置付けるもので、17・18世紀イギリス・フランスの社会契約説的国家観を前提にしている。利益説のいう利益とは、個別報償を意味するのではなく、一般報償を意味している。一方、租税義務説は、政府によって供給される公共サービスの利益と納税者との間の受益・負担関係を切り離し、税は国民の義務として徴収されると考える。国家を有機体として捉え、国家の成員としての国民はすべて義務として納税すべきだと主張するものであり、有機体的国家観に基づいている。

わが国では、日本国憲法第30条が「国民は、法律の定めるところにより、納税の義務を負ふ」と規定しているように、租税義務説に立っている。また日本国憲法第84条は、「あらたに租税を課し、又は現行の租税を変更するには、法律又は法律の定める条件によることを必要とする」と規定し租税法律主義をとっている。

　利益説と義務説のどちらの説を採用するかで、租税の負担を国民にどのように配分するかも変わってくる。通常、利益説をとる立場からは、政府の提供する公共サービスの受益に応じて租税を負担するのが公平だとされ、一方、義務説をとる立場からは、租税は**担税力**（支払能力）に応じて負担するのが公平だとされる。このような、国民に租税負担を求める租税政策の基準を租税原則と呼び、前者を**応益原則**、後者を**応能原則**という。

　租税の主目的は、財政支出のための財源の調達であるが、同時に、今日の租税政策では、課税のもつ様々な経済効果を利用して、租税自らも資源配分、所得の再分配、経済安定化といった財政機能の実現が期待されている。

　まず、租税徴収が民間購買力を吸収することにより民間経済の資源利用を減少し、財政支出を通じて公共財の供給に使われることは、社会全体の資源（労働サービス・資本・土地等）の一部を民間部門から公共部門に配分することによって租税の**資源配分機能**を果たしている。しかし、財源調達というよりも、むしろ市場メカニズムを通じて決定される資源配分の変更を目的として課税の根拠が説明される場合もある。たとえば、酒やたばこに対する課税は、それらの財に対する消費を抑制するための**禁止税**と考えられている。また、公害という**外部不経済**を発生させる生産活動や消費活動を抑えるために、法律や条例等の直接規制に代わる間接的政策手段として**環境税**が用いられることもある。つまり、市場メカニズムに任せておいたならば消費や生産が社会的に見て望ましい水準を超えてしまう場合、課税によって適正水準を実現し、民間経済の資源配分の適正化を図るのである。

　所得の再分配機能については、財政の支出面において社会保障関係費等が重要な役割を果たしているが、税も分配状態を適正なものに変更する手段として利用される。所得あるいは資産配分の公平化を図るために、所得税、相

続税・贈与税の税率は累進税率である。累進税率を適用することにより、富の再分配を図るという役割を果たしている。

　最後に、税は不況や景気の過熱といった不安定な経済を調整する**経済安定化機能**をもっている。税収が景気に敏感に反応する所得税や法人税は国民経済における有効需要に大きな影響を及ぼす。特に累進構造をもつ所得税の自動安定化機能（ビルト・イン・スタビライザー）は、好況期における税負担の著しい上昇が総需要の増加を抑制して景気の過熱を抑え、不況期においては、税負担の軽減が景気の落ち込みを緩和するように作用する。また、減税や増税を行うことによって、総需要を調整し、経済活動水準の安定化を図ることもある。

2）租税の分類

⑴　課税ベースによる分類

　ただ一口に租税といってもその種類はきわめて多く、わが国だけでも国税、地方税を合わせておよそ50の税目に及ぶ。各税目は課税ベースの違いによって所得課税（所得税・法人税など）・消費課税（消費税・たばこ税・酒税など）・資産課税等（相続税・贈与税・登録免許税など）に、分類できる。

⑵　転嫁による分類

　租税の分類において最もよく用いられるのが、**直接税**と**間接税**の区分である。所得税のように納税義務者と担税者が一致する租税は直接税に分類される。他方、納税義務者の負担が他に転嫁され両者が一致しない租税が間接税に分類される。たとえば、わが国の消費税についていえば、納税義務者は事業者であるが、その税金は販売価格に転嫁され実際に負担するのは最終的な購入者となるので間接税に分類される。実際上は、租税が転嫁するかしないかは、税の種類によるのでなく、そのときの市場の状態や課税品目の特性に依存して決まる。そこで一般的には、法律上の納税義務者と担税者とが一致することを立法者が予定している租税を直接税と呼び、法律上の納税義務者が税を物品やサービスの価格に上乗せして転嫁することが予定されている租税を間接税と呼ぶ。

⑶　**納税主体と納税客体（課税対象）による分類**

　納税主体とは、すなわち租税支払いの義務を有する者であり、その納税主体が個人か企業かによって分類する考えである。たとえば、所得税の納税主体は個人に分類され、また法人税の納税主体は企業に分類される。また納税客体とは、人税か物税かという見方による分類で、個人・法人の人的側面に着目して課税する税が人税、物自体に客観的に課税する税が物税である。この分類によれば、所得税や法人税等は人税に分類され、固定資産税や消費税等は物税に分類される。

⑷　**課税主体（徴収主体）による分類**

　租税を徴収する主体によって分類すると、国が徴収主体である国税と、地方政府が徴収主体である地方税に大別され、地方税はさらに道府県税と市町村税に分けることができる。

3）租税原則

　租税は国民からの強制的獲得であるため、その負担配分は恣意的になされるのではなく、何らかの国民的合意に基づいた原則にしたがう必要がある。課税のあるべき姿や、どのような税制が望ましいかを判断する基準となるのが**租税原則**である。租税原則は古くから議論されており、中でも18世紀イギリス資本主義の勃興期に提唱されたスミス（A. Smith. 1723-1790）の租税原則、19世紀ドイツ資本主義の発展期におけるワグナー（A. Wagner. 1835-1917）の租税原則が一般に知られている。

⑴　**スミスの租税原則**

　スミスは、個人主義的な国家観に基づく夜警国家を目指しており、財政の役割も公共財の供給といった資源配分機能のみにとどまっている。スミスが『国富論』の第5篇で提唱した原則は、次の4つである（Smith 1776：777-779＝訳：220-224）。

　まず、スミスは税の根拠を利益説に求めながらも、税負担は各人の能力に比例すべきだとする「**公平の原則**」を挙げる。また、租税は恣意的でなく、納期の時期・方法・金額は明瞭かつ確実であるべきとする「**確実の原則**」、

さらに、租税は納税者が支払いに最も適した時期と方法によって徴収される
べきこととする「**便宜の原則**」、そして、税の徴収費用は最小になるべきこ
ととする「**最小徴税費の原則**」の 4 つを挙げる。この最小徴税費とは、単に
徴税側の費用にとどまらず納税者にかかる諸費用も含む。

(2)　**ワグナーの租税原則**

　一方、ワグナーは有機体説に基づく国家論を展開し、財政の役割に所得の
再分配機能を加え国家に積極的な役割を求めた。租税においても所得格差是
正という社会政策的要素を取り入れた。ワグナーは19世紀後半の資本主義発
展期において生じている所得と富の不平等分配の問題に対峙している。スミ
スの比例所得税に見られる公平（equalityまたはequity）の原則から、所得分配
の公正をも考慮した公正（justice）の原則へと発展し、課税の根拠も義務説
に基づいて今日の累進所得税への途を開いた（橋本ほか 1986：101）。

　ワグナーが『財政学（*Finanzwissenschaft*）』で示した租税原則は、 4 つの大
原則と 9 つの小原則から構成されている（Wagner 1877-1901：11＝解説：429-
430。植松編 2020：15）。すなわち、財政政策上の原則（1.課税の十分性、2.課税
の弾力性）、国民経済上の原則（3.正しい税源の選択、4.正しい税種の選択）、公正
の原則（5.課税の普遍性、6.課税の公平性）、税務行政上の原則（7.課税の明確性、
8.納税の便宜性、9.最小徴税費への努力）である。ワグナーの租税原則は、税収
確保の重視、社会の資本蓄積を阻害しないこと、さらに社会政策的配慮がな
されていること、が特徴である。

4）現代の租税原則

　租税原則は、それぞれの時代を背景とし、国家の位置付けや財政の果たす
役割に応じて、少しずつ様相を変えながら発展してきた。

　今日では、公平性、中立性、簡素性の 3 つが世界に共通する普遍的租税原
則として挙げられる。日本においては戦後、シャウプ勧告で提唱され伝統的
に公平・中立・簡素の原則の重要性が絶えず強調されてきた（石 2008：182）。

　公平性については、そのときの社会経済情勢や個人的な事情を背景とした
主観的な判断によるもので、ある程度曖昧にならざるをえないが、課税の公

平性は最も基本的で重要な原則である。

　今日では、公平性の原則は水平的公平の原則と垂直的公平の原則の2つに分けて考えられている。**水平的公平の原則**とは、「同じ経済状態にある（担税力が等しい）人々は、同一の税負担をする」というものである。たとえば、所得を指標としたときに、所得水準が同等の人々は同額の税を負担することで水平的公平が達成される。これに対して、**垂直的公平の原則**とは、「異なる経済状態にある（担税力が異なる）人々は、異なる税負担をする」というものである。

　次に、**課税の中立性**とは、家計や企業の経済活動を税制によって歪めるべきではないとする原則である。すなわち、市場メカニズムを通じて達成される効率的な資源配分を攪乱しない税が、中立的な税ということである。課税は家計や企業に税支払いの義務が生じる。これは実際に発生する税負担額であるが、しかしその税金の支払額以上に追加的な負担が生じる場合がある。たとえば高い累進税率によって勤労意欲や貯蓄意欲の減退が生じたり、あるいは生産や雇用においても同じような変化が生じたりする可能性がある。このような課税によってもたらされる損失を、**超過負担**という。課税の中立性とは、この超過負担をゼロとすべきとする原則である。この中立性の原則は、公平性の原則と並んで重要な原則とされている。

　そして、**簡素性**とは、税制は平易で簡素であることが望ましいとする原則である。納税者の納税にかかる費用や税務当局の徴税費用は最小であることが望ましい。税制が複雑であると、納税費用および徴税費用がともに高まり社会の希少な資源を無駄にすることになる。

2　公平な税とは

1）応益原則と応能原則

　租税負担に公平感をもてない税制では国民の支持を得られない。租税負担が公平であることによって、租税の強制性や無償性が正当であることを、初

めて根拠付けることができる（神野 2003：157）。

　租税の負担配分の公平に関しては、租税の根拠としての租税利益説と租税義務説のいずれかに基づくかによって、それぞれ**応益原則**と**応能原則**が導かれる。しかし、租税利益説の立場をとりながらも、応能原則が唱えられないわけではない。租税利益説の想定する利益を、国民が全体として受ける一般報償と考えれば、応能原則による公正な租税負担と、一般的利益が交換されると想定することも可能だからである（神野 2003：153-154、佐藤 1983：152）。

　応益原則は、各個人が享受する公共サービスの便益に応じて租税負担することが、公平であると考える。

　応益原則は、図4-1のように説明される。いま、1種類の公共財と3人の個人からなる社会があるとする。直線MB_a、MB_b、MB_cは、それぞれ個人 a、b、c の公共財に対する私的限界評価曲線を描いている。これは、公共財の追加的消費1単位に対して支払ってもよいと考える金額、つまり私的限界便益を示しており、各人の需要曲線である。公共財の水準が大きくなればなるほど公共財の限界効用は逓減する。追加的な公共財の消費から得られる満足は小さくなり、支払ってもよいとする金額は小さくなるだろう。したがって、右下がりの曲線が描かれる。この公共財に対して、個人 c が最も高い評価を示し、個人 a は最も小さい評価を示している。公共財は非競合性、共同消費性（等量消費性）という性質をもつので、社会全体の限界評価曲線 MSB（＝社会的需要曲線）は、各人の限界評価曲線 MB_a と MB_b、および MB_c を縦方向に足し合わせることによって得られる。公共財を提供するための限界費用をMSC（社会的限界費用）で表すと、社会的に見た公共財の最適な供給量は、効

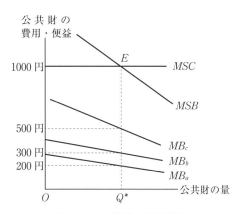

図4-1　公共財の最適供給

率性ルールから*MSB*と *MSC* とが一致する Q^* となる。公共財の最適供給量 OQ^* に対して Q^*E の金額を3人の合計額として自発的に支払われることになる。公共財の単位あたり費用 *MSC* を1000円とするならば、各個人が負担する1単位あたりの金額は、公共財に対する各個人の限界評価に応じて個人 *a* が200円、個人 *b* が300円、そして個人 *c* が500円となり、各個人の受益に応じた負担を行うことで実現する。

　応益原則（**受益者負担の原則**）によって負担の公平を捉えることは、公共財の最適な供給量と個人間への負担配分を同時に決定し、民間財と公共財の効率的資源配分の実現につながる。しかし、応益原則を現実に適用するとなると、各個人が公共財に対する評価を正直に顕示することが期待できない。公共財は、非排除性という性質をもつので、自己の満足の極大化を求める個人は、自ら負うべき負担を他の個人に転嫁して、「ただ乗り（**フリー・ライダー**）」を享受しようとするだろう。したがって、受益者を比較的特定化しやすい道路整備のための目的税や、住民に密着した地方公共財のための財源調達手段である地方税において、応益原則を適用することには十分な意味がある。

　応能原則は、公共サービスによる受益の程度に関係なく、各個人の担税力（支払能力）に応じて租税を負担することが公平だと考える。応能原則を実際の租税政策に適用する際、担税力の指標として所得、消費のいずれをとるかが問題となる。

　カルドア（N. Kaldor. 1908-1986）の提唱した**支出税**（An Expenditure Tax, Kaldor 1955）は、一般には馴染みの薄い税制ではあるが、貯蓄の意思決定に対して所得税よりも中立的であることや、所得に課税するよりも消費支出に課税する方が公平であるとの理由から、経済理論家や財政学者の支持を集めている。

　今日では、担税力の尺度として、一般に所得を用いている。担税力に応じてどのように負担するのが公平かについては、すでに述べたように、水平的公平と垂直的公平が要求される。垂直的公平に関連して、担税力の異なる人々の間での異なる税負担の程度は、担税力の尺度としてとられた所得（*Y*）

に対する租税負担（T）の比率（T/Y）すなわち**平均税率**で測られる。平均税率が、所得水準の上昇に伴って高くなる税を**累進税**、一定である税を**比例税**、低くなる税を**逆進税**と呼ぶ。また、所得の追加的変化（ΔY）に対する税負担額（ΔT）の比率（$\Delta T/\Delta Y$）は**限界税率**と呼ぶ。所得水準が上昇するにつれて、累進税の限界税率は大きくなり、逆進税は小さくなる。

　累進税による負担配分は垂直的公平の観点から最も受け入れやすい考え方であるが、その根拠は、伝統的に租税負担を所得に関する「負の効用（＝犠牲）」として捉える犠牲説によっている。限界効用理論によれば、「租税によって生じる効用の犠牲は、所得が増大すればするほど減少する」ので、高所得者の犠牲は低所得者のそれよりも少ないものとされた。

　限界効用理論に基づく**犠牲説**は、所得のもたらす効用の絶対量が計測可能であり、各個人の所得効用表が同一であるという前提に基づいて、租税負担による犠牲を個人間で均等にしようとするものである。

　租税負担に伴う効用犠牲を均等にする方法として、「均等絶対犠牲」、「均等比例犠牲」、「均等限界犠牲」の３つの考え方がある。図 4 - 2 で説明すると、まず所得の限界効用逓減を前提とした低所得者（L）と高所得者（H）の効用表を MU_L および MU_H で表す。そして、それぞれの均等方法によっ

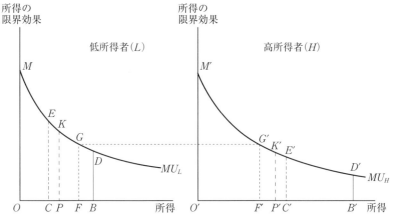

図 4 - 2　均等犠牲の理論

て一定の政府税収 T をもたらすための税の負担配分が横軸に示される。課税前の所得はそれぞれ、OB と $O'B'$ である。

まず、税負担による犠牲の絶対量をすべての人に均等にする均等絶対犠牲では、低所得者と高所得者はそれぞれの所得から CB および $C'B'$ の税を負担し、犠牲となる効用の絶対量は $CBDE=C'B'D'E'$ となる。次に、所得の総効用に対する犠牲の比率を均等にする均等比例犠牲では、低所得者、高所得者はそれぞれ PB および $P'B'$ の税を負担し、その比率は $PBDK/OBDM=P'B'D'K'/O'B'D'M'$ となる。最後に、税を1円追加負担するときの犠牲の増加分、すなわち限界犠牲を均等にするという均等限界犠牲では、低所得者、高所得者はそれぞれ FB および $F'B'$ の税を負担する。そのときの各人の限界犠牲は $FG=F'G'$ で均等となる。

以上のように累進度が最も大きいのは「均等限界犠牲」であり、次いで「均等比例犠牲」、「均等絶対犠牲」の順となる。

犠牲説は、そのよりどころとする個人間の効用比較が不可能であること、また効用の絶対量を正確に測定できないことから、今日では理論的説得力を失っている。したがって、垂直的公平の異なる負担の程度は社会的な価値判断に委ねざるをえないのが現実のところである。

2) 租税の帰着と転嫁

課税が経済主体に与える影響は、伝統的に租税転嫁として知られている。一般に、転嫁とは、直接的貨幣負担が、衝撃点（法律上の債務が賦課されるところ）から最終的に「落ち着く」ところまで、価格の調整を通じて推し進められていく過程をいう。また、帰着とは、「租税そのもの」、「究極的」あるいは「直接的」貨幣負担の所在を指している。マスグレイブ（R. A. Musgrave. 1910-2007）によると、まず税法で定められた納税義務者の段階にあたる課税のインパクト（衝撃）での負担配分を**法制的帰着**と定義する。次に課税に対する家計や企業の経済的調整が完了し、最終的帰結点での負担配分を**経済的帰着**と定義し、この間の調整過程を租税転嫁としている（Musgrave 1959：230 ＝大阪大学財政研究会訳 1961：347-348）。図4−3は、財またはサービスの流れ

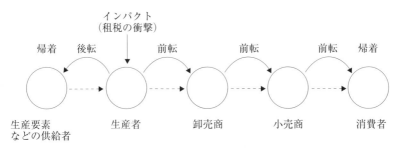

注）破線は財貨・サービスの流れの方向。実線は租税の転嫁の方向。
出典）高橋編 1993：117。

図 4 - 3　租税の転嫁

を破線の矢印で示している。たとえば、生産者に課税のインパクトがある
と、租税の転嫁による調整過程には、生産者が価格に税負担分を含めて価格
を引き上げて取引相手に負担を移す**前転**、原材料仕入価格や賃金の引き下げ
によって生産要素の供給者に移す**後転**、課税を契機に技術革新などによる生
産性の向上によって負担を吸収する**消転**などがある。

　公平性の原則は、租税の最終的負担を個人間でどのように配分されるべき
かという規範的な捉え方である。それに対して、転嫁・帰着という概念は、
誰が実際に最終的に租税を負担しているのかという実証的捉え方であり、負
担の公平に関連する重要な課題である。たとえば、消費税や酒税は事業者が
納税義務者とされていても消費者への転嫁が予定されているため、**間接税**に
分類されている。しかし、実際の消費税や酒税の帰着は、事業者もある程度
負担する可能性があると考えられる。また、法人税は納税義務者である法人
企業が利潤で負担することを予定しているので、**直接税**に分類されるが、実
際には法人税が最終的に誰に帰着しているかは明確でない。税負担の一部を
消費者に転嫁している可能性も考えられる。

3）消費税と転嫁

　間接税としての消費課税では、法律上は、税負担を消費者に100％転嫁す
べきものとされているが、実際に100％転嫁できるかどうかは、市場の状態

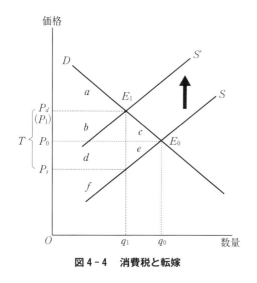

図4-4　消費税と転嫁

や課税品目の特性に依存する。全額を転嫁できる場合を**完全転嫁**と呼び、一部のみ転嫁できる場合を**部分転嫁**と呼んでいる。

ここでは、ある財に対する個別消費税の導入の効果を、部分均衡分析の枠組みを用いて検討してみる。部分均衡分析とは、課税の効果をその財の市場のみに限定し、それが他の財の市場に及ぼす効果を無視する分析法である。

図4-4において、縦軸はある財の価格Pを、横軸はその財の需要量と供給量を表している。右下がりのD曲線は需要曲線であり、右上がりのS曲線は供給曲線である。消費税がない場合の市場均衡点はE_0点であり、均衡価格をP_0とする。

ここで、消費税の課税が行われたとする。企業はその財を販売するときに、いままでよりも1単位あたりT円だけ余計に税金を支払わなければならないとする（このような税を従量税と呼ぶ）。消費税の課税は供給曲線Sを上方にシフトさせ、S'になる。供給曲線はその財の供給量を1単位追加するときに必要な追加的費用（限界費用）を表しているが、企業が法律上の納税義務者の場合には課税によって限界費用は1単位あたりT円だけ余計にコストがかかるためである。したがって、供給曲線Sは課税分だけ上方にシフトして、S'になる。

ここで、消費税の導入の前と後を比較してみよう。消費者が実質的に支払う価格を消費者価格P_d、企業が実質的に受け取る価格を生産者価格P_sと呼ぶことにする。課税前には消費者価格と生産者価格はともに、市場均衡価

格 P_0 に等しい。課税後は、消費者価格は P_d (P_1) に上昇し、消費者は課税前に比べて $(P_1 - P_0)$ 分だけ高い価格を支払わなければならない。一方、生産者価格は P_s となり、1単位あたりの企業の受取り収入は課税前に比べて $(P_0 - P_s)$ だけ減少する。このように、生産者が納税義務者であっても、課税分 T をすべて生産者が負担するのではなく、その一部は価格の上昇という形で消費者に転嫁され、消費者が負担している。また、図からも明らかなように、転嫁が予定されている税であってもその全額が消費者に転嫁されるケースは希で、生産者自身も負担する場合がある。

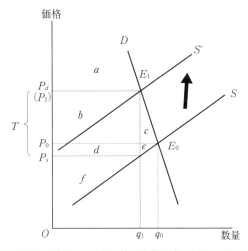

図4-5 (a)　需要の価格弾力性の小さいケース

4) 弾力性と税の帰着

　個別消費税の導入による税負担が、実質的にだれにどのように転嫁される（帰着する）かは、需要と供給の価格弾力性に依存する。図4-5 (a)、(b)は、需要の価格弾力性（＝需要量の変化率/価格の変化率）が小さいケースと大きいケースが示されている。価格が変化しても需要量があまり変化しない場合

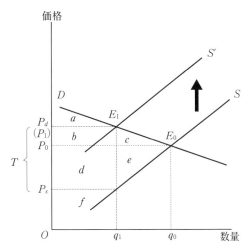

図4-5 (b)　需要の価格弾力性の大きいケース

は弾力性が小さく、少しの価格変化でも需要量が大きく変化する場合は弾力性が大きくなる。弾力性が小さいケースでは、課税後の消費量（販売量）の減少は小さく、税込消費者価格の上昇幅は大きい。そして、点線で囲まれた b の部分が消費者の税負担となり、d が生産者の税負担、$(b+d)$ が税収となる。消費税の大きな割合が消費者に転嫁される（消費者の消費税負担割合は生産者よりも大きくなる）。また、弾力性が大きいケースでは、課税後の消費量の減少が大きく、税込消費者価格の上昇幅は小さい。その結果、消費者への転嫁の程度は小さく、消費税の負担割合は生産者の方が大きくなる。

　このように、同じ個別消費税であっても、課税品目の弾力性の大きさによって課税後の消費量の変化が異なるために、消費者に転嫁できる程度は異なってくる。食料品のような生活必需品は、一般的に需要が価格にあまり反応しないと考えられる。したがって、そのような財は、税率分を消費者に転嫁しやすい。逆に、高級車や毛皮、宝石といった贅沢品や奢侈品など需要が価格に大きく反応するような財は、税率分をあまり消費者に転嫁できないことになる。

　また、供給の価格弾力性（＝供給量の変化率／価格の変化率）が異なる場合にも同じことがあてはまる。その弾力性が小さい場合には、消費者にあまり転嫁できず生産者に帰着する税負担割合が大きくなる。逆に、弾力性が大きい場合には、転嫁の程度は大きくなり、消費者の負担割合が生産者のものよりも大きくなる。

3　課税と経済効率

1）労働所得税と勤労意欲

　租税が国民経済にもたらす負担には、実際に徴収される税額のほかに、**超過負担**（excess burden）と呼ばれるものがある。超過負担は、市場における資源配分がパレート最適状態を達成しているとき、その資源配分を歪めるような租税によって生じ、厚生の損失といった形で実質所得の減少をもたら

す。経済的効率性の原則は、超過負担の最小化を目指し、租税が市場の資源配分に干渉しない方が望ましいという課税の中立性を意味する（橋本ほか1986：108）。

　ここでは、労働所得税の導入が労働供給に与える影響によって、超過負担の問題を検討する。労働所得税があまり重すぎると、人々は働く意欲を失い、経済活力が失われる可能性がある。結果として、税収も減少してしまう。ここでは、労働所得税によって生じる労働供給の抑制効果がどのように生じるのか検討する。労働所得税が労働供給に影響を与えるなら、市場メカニズムによって決定された資源配分が攪乱されるので、課税の中立性の原則に照らして問題がある。

　家計は所与の労働供給可能時間（たとえば、1日24時間）を労働供給と余暇時間に配分している。余暇時間とはレジャーや睡眠、読書など、労働時間以外に使われる全時間のことである。労働供給は所得を得られるというメリットもあるが、同時に余暇の時間を犠牲にするというデメリットもある。

　いま、時給1000円で8時間の労働をしている人がいるとする。その労働所得に税金が課せられた場合、労働供給はどのように変化するだろうか。

　図4-6は、縦軸に労働供給によって得られる労働所得が、横軸には余暇時間がとられている。余暇は最大でも OB（24時間）となる。労働時間は OB から余暇時間を差し引いた残りとなるので、労働時間を増やすと余暇時間は減少する。すべての余暇時間（24時間）を労働供給にあてたとすると、得られる所得は OA となる。

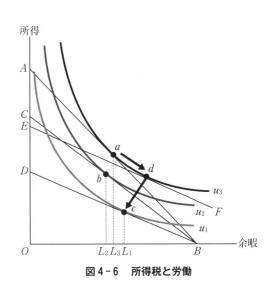

図4-6　所得税と労働

直線 AB は課税前に家計が実現することのできる所得と余暇の組み合わせを表す予算線である。横軸の B 点から原点 O の方向に労働供給時間を増やしていくと所得獲得は増えるが、余暇時間が減少していくことを表す。またこの予算線の傾きは賃金率（1時間あたりの所得）を表す。

　労働供給は家計に所得をもたらすことで効用をもたらし、余暇は所得を稼ぐことはできないが家計に自由な時間を与えることで効用をもたらす。家計の効用は所得が増加すれば上昇し、余暇が増加すれば上昇すると考えられる。しかし、所得と余暇を同時に増やすことはできないので、家計は満足が最大となるように24時間を労働と余暇に配分しなければならない。u_1 や u_2、u_3 は労働所得と余暇時間の無差別曲線を表し、同一線上での労働所得と余暇時間の組み合わせは家計に同じ効用水準をもたらす。

　家計は、予算制約の下での効用を最大化するように、労働供給を決める。所得税が存在しない場合、予算線 AB と無差別曲線 u_3 との接点 a が最適点となり、最も大きな効用をもたらす。このときの労働供給は L_3B で、余暇は OL_3 となっている。

　ここで税率 t の比例的な所得税が課税されたとする。このとき家計の予算線は所得税分だけ下方の線 CB にシフトする。これは、課税後の実質的な賃金率が減少することを意味する。したがって、新たな均衡点は a から b へと移動する。b は a の下方にあるが、労働供給が増えるか減るかは、一般的には確定しない（井堀 2005：178）。ところが、高率の所得税が課税され予算線が DB のように大きくシフトするようになると、均衡点は c となり、余暇が課税前よりも多い L_1 に増加し労働供給が抑制される可能性がある。このように、税率によっては、所得税が労働意欲に与える影響は異なってくる。この理由を考えてみよう。所得税によって均衡点が a から c へ移動するのには、2つの効果が作用している。つまり、a から c への動きは、a から d への所得を余暇に置き換える**代替効果**と d から c への**所得効果**に分解できる。

　代替効果は、同じ無差別曲線上での相対価格の動きである。課税により手取りの賃金率が減少すると、余暇に時間を配分する代わりに労働供給に時間

を配分することの相対的な対価の魅力が低下し、労働供給を減らすことにな
る。課税前の時給が1000円だったとする。このときの余暇1時間の費用（つ
まり、労働を1時間減らすことによって失う所得）は1000円であるが、もし50％の
税率が所得税にかかった場合、余暇1時間の費用は500円に低下する。余暇
の費用が相対的に小さくなったことによって、労働供給を減らして余暇を増
やす。これが代替効果であり、無差別曲線 u_3 上の a から d への動きで表さ
れる。点 d と接する補助線 EF の傾きが AB よりも小さくなっている。傾き
が小さくなったことは、余暇の費用が相対的に小さくなったことを意味す
る。しかし、課税によって実質的な家計の所得が減少したので、以前の所得
水準を確保しようとして労働供給が増加する。労働供給の増加は余暇の減少
を意味する。これが所得効果である。所得効果は、 d から c への動きで表
される。このように、所得税が労働に与える影響は、労働供給を減らす代替
効果と労働供給を増やす所得効果の総効果に依存する。代替効果が所得効果
を上回るならば、課税によって労働供給は減少することになる。

　累進税率構造をもつ労働所得税は、所得水準が上昇するにつれて限界税率
が高くなるので、代替効果が大きく表れ、労働の供給意欲を損なう可能性が
高くなる。

　所得額に関係なく一定の金額を納める一括固定税あるいは定額税の場合に
は、課税後の予算線は AB を平行にシフトしただけとなり、労働と余暇の相
対価格を変化させることがない。したがって、可処分所得が減少するだけの
所得効果のみにとどまり、代替効果は発生せず労働と余暇の選択に変化が生
じない。この一括固定税と比較して、所得税が個人の効用にどの程度影響す
るか比べると、労働と余暇の選択に歪みをもたらす所得税の場合、個人が得
る効用水準は、選択に歪みをもたらさない一括固定税に比べて低くなる。一
括固定税と比べて効用水準が低下した部分は、社会的厚生の損失となり超過
負担と呼ぶ。

2) 個別消費税と超過負担

　消費税が導入されるまで、わが国の間接税は特定の財に課税する個別消費

税（物品税）で構成されていた。ここでは、特定の財にのみ課税する個別消費税がもたらす超過負担と一般消費税のもたらす場合を比較検討する。

　贅沢品のように需要の価格弾力性が大きい財に課税すると、課税後の生産者余剰と消費者余剰の合計である総余剰は、課税前よりも大きく減少し、大きな経済的厚生の損失を意味する**超過負担**（ないしは**死荷重**と呼ぶ、図4-5の$c+e$の部分）が大きく発生することになる。一方、生活必需品のように弾力性の小さい財への課税による超過負担の発生は小さい。課税による税収の増加（$b+d$）はこれに見合う財政支出の便益によって相殺されると仮定すると、課税前に得られていた総余剰（$a+b+c+d+e+f$）と課税後（$a+b+d+f$）のその大きさを比較すると、課税後の総余剰$c+e$の部分だけ小さくなっている。この厚生の減少分が超過負担である。それに対して、一般消費税は、すべての財に課税するので、様々の財の相対価格を変化させないから財に対する需要量が大きく変化することがないので弾力性は小さくなる。需要量の変化が小さいので供給量も大きく変化することがないから、資源配分に対して中立的である。その結果、超過負担の発生は小さくなる。したがって、間接税のあり方としては課税対象をできるだけ広くするとともに、課税対象商品間での税率に格差を付けないことが望ましいといえる。

4　日本の租税構造

1）租税負担率と国民負担率

　税金は国民が徴収される経済的負担となるが、国民全体の税負担水準がどの程度であるかを示す指標として租税負担率がある。租税負担率は国民所得（NI）に対する租税負担額（国税＋地方税）の比率で表される。また、国民所得に対する社会保障負担額（年金や医療保険にかかる支払保険料）の比率を社会保障負担率と呼ぶ。租税負担率に社会保障負担率を加えたものを**国民負担率**と呼ぶ。

　2019（令和元）年度（実績）の日本の租税負担率は25.8％（社会保障負担を含む

国民負担率は44.4％）である。この数値は、アメリカの23.4％（同31.8％、2019暦年）とほぼ同水準であるが、イギリスの37.1％（同48.6％、2019暦年）、ドイツの32.5％（同55.8％、2019暦年）、フランスの43.9％（同68.0％、2019暦年）、スウェーデンの51.4％（同56.7％、2019暦年）と比べるとかなり低い水準である（財務省HP参照）。しかし、わが国は諸外国に例を見ない速さでの高齢化が進行しているため、社会保障関係費等の財政支出増大が確実に継続しており、財政支出を支える租税負担率や国民負担率は今後も上昇することが見込まれる。

　また、この国民負担率には、将来世代への負担の先送りとなる毎年の財政赤字分が含まれておらず、見かけ上では相当低くなっている点を忘れてはならない。現状は、財政赤字という形で現世代が負担を上回る行政サービスを享受している状況にある。財政赤字を含めた国民負担率は**潜在的な国民負担率**と呼ばれる。2019（令和元）年度のわが国の潜在的な国民負担率は実績で49.7％に達している（財務省HP参照）。このまま推移すると2025年度には70％を超えるとされ、1997（平成9）年11月に成立した「財政構造改革の推進に関する特別措置法」で、経済活力を失わないためにも潜在的な国民負担率を50

表 4 - 1　国税・地方税の税目（2021〔令和 3〕年度）

	国税	地方税		国税	地方税
所得課税	所得税 法人税 地方法人税 特別法人事業税 復興特別所得税	住民税 事業税	消費課税	消費税 酒税 たばこ税 たばこ特別税 揮発油税 地方揮発油税 石油ガス税 自動車重量税 航空機燃料税 石油石炭税 電源開発促進税 国際観光旅客税 関税 とん税 特別とん税	地方消費税 地方たばこ税 ゴルフ場利用税 軽油引取税 自動車税（環境性能割・種別割） 軽自動車税（環境性能割・種別割） 鉱区税 狩猟税 鉱産税 入湯税
資産課税等	相続税・贈与税 登録免許税 印紙税	不動産取得税 固定資産税 特別土地保有税 法定外普通税 事業所税 都市計画税 水利地益税 共同施設税 宅地開発税 国民健康保険税 法定外目的税			

出典）財務省 HP「わが国の税制の概要」。

％以下に抑えることが今後の税制運営の留意点である、とされた目標達成が遠くなる。少子高齢化が進む中でも社会の活力を維持するために、政府規模の拡大を抑制することが必要である。それでもなお避けることができない租税負担の増大をどのような種類の税金や租税構造で支えていくのがよいのかが、重要な課題である。

2）日本の租税体系

　各国の租税構造は通常、複数の税目からなっている。これは、財政の規模が大きくなるにつれて単一の税では十分な税収を確保できないということや、公平性・中立性・簡素性といった租税原則のすべてを単一の税で実現するのが困難なためである。複数の税が相互に補完し合うことによって、全体として調和のとれた租税体系をつくり上げることができる。この考えを**タックス・ミックス**と呼んでいる。

　わが国の租税構造は、国と地方に関して表4-1のような税目からなって

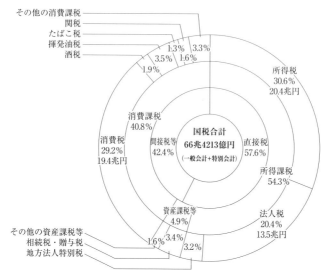

注）所得税は復興特別所得税、法人税は地方法人税をそれぞれ含む。
出典）植松編 2020：85。

図4-7　国税の内訳（2019〔令和元〕年度予算額）

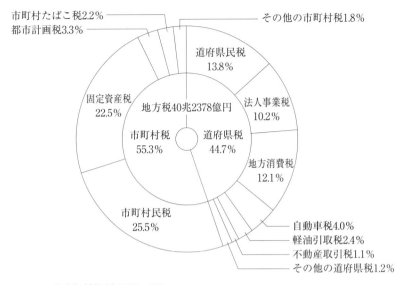

出典）植松編 2020：243。

図 4 - 8　地方税の内訳（2019〔令和元〕年度地方財政計画額）

いる。各税目は、**課税ベース**の違いによって、所得課税・消費課税・資産課税等に分類できる。

　国税について2019年度予算額で見ると、所得課税に分類される所得税（20.4兆円）と法人税（13.5兆円）で税収全体の51.0％（所得税30.6％、法人税20.4％）を占め、消費課税（消費税や酒税、揮発油税などを含む）が税収全体の40.8％、資産課税等が税収全体のわずか4.9％となっている（図 4 - 7 ）。

　また、地方税について見ると、道府県税では国税の所得税や法人税に相当する道府県民税と法人事業税があり、これらの税収は道府県税の税収全体の約53.7％を占めている（図 4 - 8 ）。市町村税では、固定資産税や都市計画税といった資産課税による税収が市町村税収全体の約半分の46.7％を占めている。

　さらに、課税ベースによる税収の内訳を国税・地方税合計に対する比率で見ると、所得課税53.0％、消費課税33.4％、資産課税等13.6％となっている（図 4 - 9 ）。

　所得は、従来から担税力の指標として認められてきた。その後、消費を課

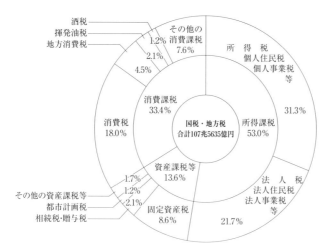

注）地方税は、地方財政計画額に計画外税収入見込額を加えた額である。
出典）植松編 2020：17。

図4-9　課税ベースによる税収の内訳（国税・地方税）
（2019〔令和元〕年度予算額）

税ベースとすることが、経済力を表す指標としてもまた公平性・効率性の観点からも重視されるようになった。さらに、経済社会のストック化が進展する中で、富の集中防止・再分配や資産格差是正の観点から資産課税の重要性が高まっている。

3）租税体系の国際比較

　表4-2は、主要諸国（日本、アメリカ、イギリス、ドイツ、フランス）における各課税ベースの税収構成比（国税＋地方税）の比較を示している。この表を見ると、所得課税の構成比はアメリカの60.2％が際立って大きいが、ついで日本の構成比割合が大きい。その内訳を見ると、いずれの国々においても個人所得課税の割合が大きいが、日本は法人所得税の占める割合が他国に比べ際立って大きい。

　消費課税について見ると、日本の構成比は32.6％となっている。アメリカは連邦レベルでの課税ベースの大きい消費税をもたないためにその構成比は

表 4 - 2　各課税ベースの税収構成比の国際比較（国税＋地方税）

課税ベース	日本	アメリカ	イギリス	ドイツ	フランス
所得課税合計	53.4	60.2	43.7	52.6	38.6
個人所得課税	31.9	54.7	33.8	43.7	31.6
法人所得課税	21.5	5.4	9.8	8.9	7.0
消費課税	32.6	23.5	40.4	43.0	40.9
資産課税等	13.9	16.4	16.0	4.4	20.5
直間比率	67 : 33	76 : 24	57 : 43	55 : 45	55 : 45

注)　1.　計数は2018年のもの。
　　　2.　OECD "*Revenue Statistics*" の区分に従って作成しているため、利子、配当及び
　　　　キャピタル・ゲイン課税は所得課税に含まれる。
　　　3.　資産課税等には、資産課税及びその他の課税が含まれる。
　　　4.　資産課税とは、富裕税、不動産税（固定資産税等）、相続・贈与税及び流通課税
　　　　（有価証券取引所税、取引所税、不動産取得税及び印紙収入）等を指し、日本の
　　　　割合は13.7％である。
　　　5.　日本の2021（令和3）年度予算における税収構成比は、所得課税48.7％（個人所
　　　　得課税32.0％、法人所得課税16.7％）、資産課税14.4％、消費課税36.9％が見込ま
　　　　れている。
　　　6.　四捨五入の関係上、各項目の計数の和が合計値と一致しないことがある。
出典)　OECD "*Revenue Statistics 1965-2019*"、財務省HPより作成。

先進国の中で最も小さい。それに対して、イギリスは40.4％、ドイツは43.0％、
フランスは40.9％で、ドイツの構成比が最も高い。近年、日本の消費課税の
構成比が高まっている。

　次に、各国の税収構成（国税＋地方税）を直接税と間接税に分け、その割合
を示す直間比率を見ると、アメリカは直接税の比率が高いのに対し、西欧諸
国は間接税の比率が日本やアメリカと比べて高い。日本はシャウプ勧告
（1949年）に基づいた税制が1950年に施行されて以来、租税体系の中心に直接
税（特に所得税）を置き、直接税だけではなお不十分である点を補うために、
間接税をもって補強するのが、租税体系の近代化に資する途であると考えら
れてきた。いわゆる「直接税中心主義」または「所得税中心主義」と呼ばれ
る考え方である（高橋編 1993：124）。ところが、1987（昭和62）年から1988（昭
和63）年にかけて、所得、消費、資産に対する課税のバランスの改善を意図
する抜本的改革が実施された。その主な理由は、わが国では、21世紀は少子
高齢社会が確実に進行することになる。そのために、有力な課税ベースは、

労働所得よりも資産所得や消費と考えられたからである（井堀・土居 2001：89）。

5　所　得　税

1）所得税の仕組み

　所得には、サラリーマン等の得る個人所得と、法人企業が利潤として計上する法人所得がある。一般に所得税という場合には、個人所得にかかる個人所得税を意味し、法人所得にかかる税金は法人税ないし法人所得税と呼んで区別する。所得税は、高い所得階層に多くの負担を求めるという累進税率構造によって応能原則に基づいた負担の公平が確保されること、また景気の自動調整（ビルト・イン・スタビライザー）機能を果たすことが期待される。

　わが国の所得税は、各個人の暦年中に得た様々な種類の所得を、原則として、総合して課税する**総合課税**の仕組み（包括的所得課税の原則）をとっている。

　所得税法では、所得を収入の発生形態によって、利子所得、配当所得、商工業や農業などの事業所得、不動産所得、給与所得、退職所得、土地や建物などの譲渡所得、山林所得、クイズの賞金や生命保険契約の満期返戻金などの一時所得、年金などの雑所得、の10種類に区分する。これらの所得を合算し、税率が適用される。ただし所得税は、収入金額にそのまま税率が適用されて税額が算出されるのではない。収入を得るためには相応の経費が必要であり、次の図式のように、この必要経費を差し引いた金額が所得金額となる。

（総）所得金額③

$$\underbrace{\{(収入金額①-必要経費等②)}_{課税所得⑤}-所得控除④\}×税率-税額控除⑥=納税額$$

　所得が10種類に区分されている理由は、それぞれ所得について、所得金額の計算方法が異なるからである。たとえば事業所得については、次のように計算される。

事業収入金額①-事業に必要な経費②=事業所得③

　また、給与所得ついては、給与収入を得るのに必要な経費控除（特定支出控除）も認められるが、通常は次のように計算される。

給与収入金額①－給与所得控除②＝給与所得③

　2021（令和3）年現在の給与所得控除にかかわる給与所得控除率は、表4-3のように収入金額に応じて低下する仕組みとなっている。2018（平成30）度の改正によって、給与等の収入金額が850万円以下の場合、給与所得控除額が10万円引き下げられている。また、給与所得控除額の上限が220万円から195万円に引き下げられた。ただし、給与等の収入金額が1000万円を超える子育て・介護世帯については、負担軽減のため「所得金額調整控除」が設けられ、実質的な上限額は210万円となっている。

　給与収入が450万円の場合の給与所得控除の額は、収入の29.8％にあたる134万円、700万円の場合では収入の25.7％にあたる180万円、1000万円の場合では収入の19.5％にあたる195万円というように、収入金額が多くなるにつれて控除額は大きくなるが、収入に対する控除比率は低下する仕組みとなっている。ただし、この給与所得控除については、給与所得者の必要経費が収入に応じて必ずしも増加するとは考えられないこと、また、主要国においても定額または上限があることを踏まえ、給与所得控除の上限が漸次引き下げられることになった。

　所得の源泉を問わず、すべての収入を合算して課税することが**総合課税方式**の原則である。ただし、利子や配当所得のように、他の所得から切り離し

表4-3　給与所得控除率および控除額

給与等の収入金額Ⓐ		改正前控除額	2020年分（改正後）控除額	
超	以下		右の世帯以外	子育て・介護世帯
162.5万円以下		65万円	55万円	55万円
162.5万円	180万円	Ⓐ×40％	Ⓐ×40％－10万円	Ⓐ×40％－10万円
180万円	360万円	Ⓐ×30％＋18万円	Ⓐ×30％＋8万円	Ⓐ×30％＋8万円
360万円	660万円	Ⓐ×20％＋54万円	Ⓐ×20％＋44万円	Ⓐ×20％＋44万円
660万円	850万円	Ⓐ×10％＋120万円	Ⓐ×10％＋110万円	Ⓐ×10％＋110万円
850万円	1,000万円		195万円	Ⓐ×10％＋110万円
1000万円超		220万円		210万円

て特定の税率で課税すると
いう**分離課税**が適用され
る所得もある。

　それぞれの収入金額から
相応の必要経費を差し引い
た金額を合算した総所得金
額から、さらに、基礎控除、

表4-4　所得税の税率（2021〔令和3〕年1月現在）

課税所得	税率
195万円以下の金額	5%
195万円超～330万円以下の金額	10%
330万円超～695万円以下の金額	20%
695万円超～900万円以下の金額	23%
900万円超～1800万円以下の金額	33%
1800万円超から4000万円以下	40%
4000万円を超える金額	45%

配偶者控除、扶養控除、社会保険料控除、生命保険料控除などの所得控除
（図式中の④）を差し引くことによって、課税の対象となる課税所得（図式中の
⑤）が算出される。

　この課税所得に**超過累進税率**を適用して所得税額が計算される。超過累進
税率とは、課税所得にいくつかの段階を設け、課税所得の各段階を超える金
額にそれぞれの累進税率を適用するというものである。2021年現在の所得税
の税率は表4-4のように5％から45％までの7段階の刻みとなっている。

　たとえば、課税所得⑤が500万円の場合の所得税額は、次のように算出さ
れる。

$$195万円×5\% + (330万円 - 195万円)×10\%$$
$$+ (500万円 - 330万円)×20\%$$
$$= 57.25万円（所得税額）$$

税額控除⑥とは、所得税額から一定の金額を控除するものであり、配当控
除や外国税額控除、住宅借入金等特別控除などがある。

2）課税最低限の国際比較

　標準的な納税者のケースについての各種の所得控除の合計額、すなわちど
のくらいの所得水準までが非課税となるかの限度額を**課税最低限**と呼ぶ。課
税最低限は、基礎控除や給与所得控除など各種の所得控除を行った後に、ち
ょうど課税所得がゼロとなる所得水準である。したがって、この課税最低限
は基礎控除等の水準によってその額が変動するが、2021（令和3）年1月現在
では、モデルケースの夫婦子2人（就学中の19歳と13歳）の給与所得者の課税

最低限は、285.4万円となっている。同年の課税最低限を他の主要国と円換算（基準外国為替相場および裁定外国為替相場：2021年1月中適用、1ドル＝104円、1ポンド＝137円、1ユーロ＝123円）で比較すると、イギリス1万4087ポンド（193.0万円）、ドイツ2万4300ユーロ（298.9万円）、アメリカ4万9250ドル（512.2万円）、フランス5万886ユーロ（625.9万円）であり、日本はドイツと同程度の水準である。

3）所得捕捉とクロヨン問題

　所得税が応能原則に則して公平であるためには、まず負担能力の尺度となる所得を明確に定義し、これに基づいて「等しい経済状態にある（担税力が等しい）人々は、等しい税負担をする」という水平的公平が確保されなければならない。所得は一般に、「納税者の資産価値を減少させることなく、財・サービスを支配できる経済力、つまり潜在的消費能力」を意味し、これに基づいて課税される所得税を包括的所得税と呼ぶ。

　尺度となる所得に関して広く認められているのは、ヘイグ（Haig 1938）とサイモンズ（Simons 1938）による定義である。これによれば、一定期間の所得は、その期間中における純資産の増加と消費との和として定義される。すなわち、期末、期首の資産価値をそれぞれ W_1、W_0 とし、帰属所得を含む期間中の消費額を C とすれば、その期間の所得 Y は、

$$Y = C + (W_1 - W_0)$$

と定義される。ここで、消費額には農家の自家消費や持ち家の人に発生する帰属家賃（もし借家住まいであったならば、支払わねばならない家賃分）、また勤務先からの現物給付（衣服、給食、社宅、慰安旅行など）が含まれる。また、$(W_1 - W_0)$ は純資産の増加分を表す。純資産とは資産から負債を除いたものであり、消費した残りの所得で負債が返済されれば、純資産は増加する。また純資産の増加は、売却のいかんを問わず土地や株式といった資産価値の上昇によるキャピタル・ゲインも所得に含まれる。

　また、水平的公平の原則とかかわる問題に、クロヨン（9対6対4）、あるいはトーゴーサン（10対5対3）と呼ばれる業種間所得捕捉率格差の存在があ

る。すなわち、課税所得の捕捉に関して、給与所得、事業所得、および農業所得の間で著しい業種間格差が見られる現象である。これは、給与所得者は9割（10割）の所得が捕捉されているのに対して、自営業者は実際の所得の6割（5割）程度、農業所得者は実際の所得の4割（3割）程度しか捕捉されていないため、同じ所得収入にもかかわらず業種間で税負担に差が生じるというものである。

4）総合課税と分離課税

　所得税は本来、様々な所得を合算した包括的所得を課税ベースとしている。これは、総合課税の原則と呼ばれている。総合課税は、包括的な所得に対して課税することを意味する。特定の所得のみを合算せず課税する単独課税や、所得を複数のカテゴリーに分類して異なる税率を適用する分離課税は、総合課税の原則を侵すことになる。現実には、租税特別措置法によっても各種の所得が他の所得とは分離して課税することとされている。利子所得、上場株式等の配当所得や譲渡益といった資産から発生する資産性所得である。

　利子所得については、他の所得とは区分し、利子支払いの際に所得税15％（ほかに地方税5％）の源泉徴収のみで課税関係が終了する源泉分離課税の方式が採用されている。

　また、配当所得は、源泉徴収の対象であり、原則20％の税率により、所得税が源泉徴収される。一定の要件を満たす場合には（少額の配当所得については）、申告不要の特例により、源泉徴収のみで納税を完了することが可能となっている。なお、居住者が配当所得を総合課税により申告する場合には、配当控除の適用を受けることができる。配当控除は、法人税と所得税の**二重課税**を避けるために、法人段階で配当部分に課税された税額を個人段階で控除する制度である。

　上場株式などにかかわる譲渡所得については1989（平成元）年4月を境に、原則非課税から原則課税に改められ、他の所得と区分され、2003（平成15）年からは原則申告分離課税方式により20％（地方税5％を含む）の税率で課税

されている。

　このように資産性所得の多くに総合課税が適用されないとなると、所得の高い階層では本来の累進税率よりも低い税率が適用されることになり、水平的公平や垂直的公平を満たさなくなる。特に所得の高い階層では資産性所得の割合が大きいため、不公平が生じる可能性が高い（林 2011：123）、といえる。しかし、資産性所得と勤労所得を合算して一律に課税する総合課税は、両所得の性質が大きく異なるために不合理であり、また課税の中立性の原則からも問題があること、さらに海外への資本逃避防止等の観点から、資産性所得と勤労所得を分離して課税する**二元的所得課税方式**がデンマークやノルウェー、スウェーデンなどの北欧諸国で1990年代初頭に導入されている。

6　消　費　税

1）消費税の創設とその意義

　わが国の消費税は、1989（平成元）年 4 月 1 日から 3 ％の税率で導入された。消費税は課税ベースの広い間接税の一種である。

　課税ベースの広い間接税を類型化すると、課税段階の数により単段階課税方式と多段階課税方式とに区分することができる。**単段階課税方式**は流通過程の特定の 1 段階限りに課税されるものであり、製造業売上税や卸売売上税、小売売上税がある。小売売上税は、現在アメリカやカナダで州税として採用されている。**多段階課税方式**は、輸入、製造、卸売、小売の全流通段階に課税されるものであり、取引高税や付加価値税がある。取引高税は、仕入に含まれる税額を控除しないため、税に税がかかる課税の累積（タックス・オン・タックス）が生じてしまい取引に中立性を欠くという問題や、また国境税調整が難しいといった問題がある。付加価値税は、売上から仕入を引いた付加価値に対してかかる税であるが、すべての取引段階で、それぞれの売上に対して課税した上で、仕入にかかわる前段階の税額を控除する方式である。したがって、課税の累積を排除でき、国境税調整も正確に行うことができ

る。わが国の消費税は、EU諸国などにおいて「**付加価値税**（Value Added Tax）」と呼ばれているタイプの税と同様、**多段階累積排除型**の課税ベースの広い間接税に分類される。

　付加価値とは、事業者が仕入れてきた原材料に加工等を施すことによって、新たに付け加えられた価値のことである。消費税は事業者ごとに生み出された付加価値に対して課税され、事業者が納税義務者となって税を納付する。しかし、消費税を事業者が負担するのではなく、事業者に課される税相当額は、財貨・サービスの販売価格に付け加えられて次々と転嫁され、最終的には消費者が全額負担することが予定されている。

2）付加価値税の仕組み

　ここで、付加価値税の仕組みについて、簡単に説明しよう。わが国の消費税もほぼ同様の仕組みとなっている。表4-5は、付加価値税率が10%の場合について、製造、卸売、小売の3段階を通じる財の流れを示している。まず、製造業者は、仕入原価がゼロとしたときの付加価値5000円に対する500円の税を税務署に支払うが、この税金分は製品価格に上乗せされて、卸売業者に転嫁される。卸売業者は、付加価値合計7000円に対して、10%の税を加えた7700円で小売業者に販売する。このとき、卸売業者は、700円の税金のうち、製造業者に支払った税額500円を差し引いて、200円を卸売業者の付加価値税として、納税する。さらに、小売業者は各段階の付加価値を合計した1万円に10%の税を加えた1万1000円で消費者に販売し、卸売業者に支払った700円を差し引いて、300円を納税する。納税された税の総額は1000（＝500＋200＋300）円であるが、各納税義務者は買い手に税の負担を転嫁するので、結局、最終的な買い手である消費者が税の全額を負担する。ただし、

表4-5　消費税の仕組み（税率10%）

	仕入価格	付加価値	納税額	販売価格
製造段階	0	5,000	500	5,500
卸売段階	5,500	2,000	200	7,700
小売段階	7,700	3,000	300	11,000
合　計		10,000	1,000	

経済的に見ると、消費者が税を全額負担しているかどうかは、別の問題となる。課税後の消費者価格が1万1000円になると、課税によって需要が落ち込むので、税金は消費者だけでなく生産者にも負担が一部及ぶことになる。

3) インボイス方式と帳簿方式

　EU型付加価値税とわが国の消費税との違いは、仕入れ税額の控除方式にある。付加価値税額算出のための前段階税額控除の方式として、EU諸国では、**インボイス**（取引先から受領した税額を別記した書類）を用いて行うインボイス方式が採用されている。インボイスが取引ごとに他企業からの仕入の際に発行送付されるので、課税ベースの捕捉が比較的正確に行われ、税額の転嫁と国境税調整の問題も発生しない。取引の中途段階で脱税が行われるとインボイスの送付がないので、後段階の企業の税負担が増大する。そこで企業が相互に脱税をチェックすることになるため、ビルト・インされた脱税回避メカニズムといえる。わが国の消費税では、事業者は帳簿上の記録に基づいて仕入れ税額を仕入額から計算する帳簿方式（アカウント方式）を採用していた。しかし、帳簿方式では、控除税額の計算が原則として自己記帳に基づく帳簿により行われることから、脱税の可能性の存在が指摘された。このことから、1994（平成6）年11月の税制改革では、**請求書等保存方式**を採用する改正が行われ、1997（平成9）年4月1日から実施されている。さらに、2019年10月からの消費税率10%（消費税7.8%＋地方消費税2.2%）への引き上げが実施されるとともに、軽減税率制度が導入された。「酒類・外食を除く飲食料品」および「定期購読契約が締結された週2回以上発行される新聞」に軽減税率8%が適用される。複数税率導入の場合、仕入税額控除を正確に行うためにはインボイス方式の導入が必要となるが、2023年10月から日本でも「適格請求書等保存方式」の名称によって導入が予定されている。

4) 小規模事業者に対する特例措置

　わが国の消費税においては、小規模事業者の免税あるいは簡易課税の制度が設けられている。同種の制度は諸外国の付加価値税においても設けられて

いる。

(1) 事業者免税点制度

基準期間（前々年または前々事業年度）の課税売上高が1000万円以下の事業者
は、納税義務が免除される（ただし、資本金が1000万円以上の新設法人の設立当初の
２年間については適用されない）。消費税導入時には、課税売上高が3000万円以下
の場合には納税義務が免除されることとなっていた。しかし、免税事業者に
益税が発生しているという問題に対処するため、現在では課税売上高が1000
万円以下の事業者が対象となっている。

(2) 簡易課税制度

これは、中小事業者の納税事務負担を軽減するために、消費税額を簡単に
計算することができるようにした制度である。具体的には、基準期間の課税
売上高が5000万円以下の課税期間については、事業者の選択により、売上に
係る税額にみなし仕入率を乗じた金額を仕入れ税額とすることができる制度
である。売上に対する仕入の割合をみなし仕入率と呼ぶ。みなし仕入率は事
業者ごとに異なり、第一種事業（卸売業）は90％、第二種事業（小売業）は80
％、第三種事業（製造業等）は70％、第四種事業（その他）は60％、第五種事
業（サービス業等）は50％、第六種事業（不動産業）は40％となっている。

卸売業を例にとると、簡易課税制度を選択した場合の納付する消費税額
は、消費税率10％の場合、次式のように算出される。

納付税額＝（課税売上に係る消費税額）－（課税仕入に係る消費税額）
　　　　＝（売上高×10％）－（売上高×90％×10％）＝売上高×1.0％

この簡易課税制度採用の問題点は、実際の仕入率がみなし仕入率よりも低
い事業者の場合、本来納めるべき税額よりも少ない納税ですみ、その差額が
事業者の益税となってしまうことである。たとえば、売上高が100万円で実
際の仕入率が70％であったような卸売事業者の場合、本来納めるべき消費税
額は３万円となるが、みなし仕入率（90％）で算出された消費税額はたかだ
か１万円ですむ。この差額２万円が事業者の益税となる。消費税率の引き上
げは、事業者の益税増加をもたらす。

5)　消費税のメリットとデメリット

　ここで、消費税のメリットとデメリットについて指摘しておく。

　消費課税は、①貯蓄の二重課税が回避されるために、消費（現在消費）と貯蓄（将来消費）の選択に中立性が保たれる。②生涯所得を基準とした場合に税負担の公平を維持しうる。③投資と貯蓄を奨励する効果を有する（金子編 2001：2、宮島編 2003：16参照）。また、④人々の消費支出は所得ほどには景気変動の影響を受けないために、安定的な税収が見込める、といったメリットを挙げることができる。しかし他方で、①消費抑制的に働き、有効需要を減退させるおそれがある。②個々の納税者の事情に配慮した税負担を求めることができない。③短期的に捉えた所得に対する消費税負担率が逆進的になる、といったデメリットをもつ。

7　法　人　税

1)　法人税とは

　法人税とは、法人の企業活動により得られる所得（利潤）に対して課される税である。

　法人所得税は先進諸国においてかなり重要な税源であるにもかかわらず、その課税の根拠については不明な点が多い。

　法人税の性質および課税根拠については、**法人実在説**と**法人擬制説**の 2 通りの考え方が存在する。前者は、法人を株主とは別個の実在とみなし、法人自体も個人同様に担税力があるとする考えであり、後者は、法人は単なる個人株主の集合体にすぎず、事業活動によって得られた所得はすべて個人株主に帰属するとする考えである。アメリカの税制は法人実在説の考え方に立っているが、わが国の法人税は、1949（昭和24）年の**シャウプ勧告**で、法人擬制説に基づく「所得税の前どり」として性格付けられた（本間 1990：309）。日本のほかにイギリスやドイツ、フランスなど、ほとんどの国では法人擬制

説の考え方をとっている。

　一方、法人実在説を採用して、法人所得に課税するのは、個人所得税を課税するのと同様に法人に担税力があるとみなすからである。この場合、法人所得に対して法人段階と個人段階で別個に課税されても**二重課税**の問題は生じない。これに対して、法人擬制説を採用するならば、源泉徴収税と同じく法人所得税は、個人所得税の前払いといえる。法人税は、法人所得全体に課されるため、その負担が株主に帰着するならば、配当部分は法人段階の法人税と個人段階の所得税で二重課税されることになる。これは**配当二重課税**の問題であり、擬制説を採用する限り、何らかの調整が必要になる。

　配当所得税の調整は、受取配当税額控除法と支払配当控除法の2通りに大別される。前者の受取配当税額控除法は、配当に課せられた法人税額を個人段階で所得税額から税額控除する制度である。他方、支払配当控除方式は、配当二重課税を法人段階で調整するもので、法人が支払う配当には法人税を課さないという制度である。

　わが国の税制では、個人株主については配当控除（税額控除）、法人株主については受取配当の益金不算入制度を採用し、税負担の一部を調整することとされているが、諸外国でもその取り扱いは様々となっている。

　2019（令和元）年1月時点での主要国の制度を見ると、個人株主段階でも、アメリカおよびドイツでは特別な調整措置をとっていない。イギリス、フランスでは、配当に対する二重課税の調整措置が講じられているが、その取り扱いは様々である。イギリスでは、受取配当は2000ポンドまで非課税とされているほか、フランスでは、総合課税を選択した場合、受取配当の一部を個人株主の所得に加算する配当所得一部控除方式が採用されている（植松編2020：318-319）。

　法人株主が受け取る法人間配当については、アメリカ、ドイツおよびフランスでは、持株比率に応じて一定割合を益金不算入としている。イギリスでは、持株比率にかかわらず、全額を益金不算入とする制度になっている。

　わが国の税制では、個人株主段階で総合課税を選択した場合、配当税額控除により調整する措置をとっている。法人間配当については、持株比率に応

じて、20％（持株比率 5 ％以下）、50％（同 5 ％超、 3 分の 1 以下）、100％（同 3 分
の 1 超）を益金不算入とする制度によって調整する措置をとっている（財務省
HP「受取配当等の益金不算入制度」参照）。

　法人税は原則として黒字法人のみが支払い、赤字法人には課税されない。
国税庁の「第145回統計年報（令和元年度版）」によれば、わが国の法人は2019
（令和元）年度時点で61.6％が欠損法人である。わが国の法人のおよそ 3 分の
2 、多いときには約 8 割もの法人が法人税を負担していなかったことから、
従来から赤字法人にも課税すべきとの主張がある。法人税の課税根拠を法人
擬制説に求めるなら、赤字法人に対する課税は理屈に合わない（林 2011：
134）が、赤字法人も税収を財源として提供される道路や港湾といった様々
な公共サービスの便益を享受しているのは事実である（楠谷 2001：152-204参
照）。そのため赤字法人に対する一定額の租税支払いを求める事由があり、
2004（平成16）年度から資本金が 1 億円を超える法人を対象に、法人事業税
への**外形標準課税**が導入されている。

2）法人税負担と税率構造

　法人の各事業年度の課税所得金額は、その事業年度の益金の額から損金の
額を控除した金額とされる。その課税所得に原則として比例税率を適用して
法人税額が算定される。益金は、売上収入、固定資産の譲渡による収入、預
金や貸付金の利子収入などのように企業会計でいう決算利益を計算する上で
の収益にあたるものである。損金は売上原価、完成工事原価、販売費、一般
管理費、災害時による損失などの決算利益を計算する上での費用や損失にあ
たるものである。

　2019（令和元）年度現在の法人税率は、普通法人または人格のない社団等
については23.2％（資本金 1 億円以下の普通法人または人格のない社団等の所得の金額
のうち年800万円以下の金額については15％）となっている（財務省HP）。

　法人税の税率は、国の税収の確保を目的として所得税等の他の税とのバラ
ンスを図りながら、その時々の財政事情や経済情勢等を反映して決定され
る。1998（平成10）年度税制改正においては、経済活動に対する税の中立性

表 4-6　法人所得課税の実効税率の国際比較（2021〔令和3〕年1月現在）

国　　名	実効税率	国　　名	実効税率
日本（2016 年）	29.97%	フランス	26.50%
日本（2018 年〜）	29.74%	カ ナ ダ	26.50%
ド イ ツ	29.93%	イタリア	24.00%
アメリカ	27.98%	イギリス	19.00%

注）　1.　法人所得に対する税率（国税・地方税）。地方税は、日本は標準税率、アメ
　　　　リカはカリフォルニア州、ドイツは全国平均、カナダはオンタリオ州。
　　　2.　日本においては、2015 年度・2016 年度において、成長志向の法人税改革
　　　　を実施し、税率を段階的に引き下げ、37.00%（改革前）→ 32.11%（2015
　　　　年度）、29.97%（2016・2017 年度）→ 29.74（2018 年度〜）と変更された。
　　　3.　アイルランド 12.5%、ハンガリー 9.0%（出所：OECD Tax Database）。
出所）財務省 HP「わが国の税制の概要」より作成。

を高めることにより、企業の活力と国際競争力を維持する観点から法人税の課税ベースの大幅な見直しが行われ、基本税率が引き下げられた。その後も景気情勢の配慮や国際競争力を維持する観点から引き下げが継続的に実施されてきた。

　なお、国税と地方税を合わせた法人の所得に対する税率水準を表すものとして**法人実効税率**がある。法人実効税率は、企業の税負担の重さを評価する概念であり、具体的には、法人4税（法人税、地方法人税、法人事業税、法人住民税）の税率を合計したものである。表4-6は、法人所得課税の実効税率の国際比較（2021〔令和3〕年1月現在）を示している。主要国の法人税率は、1980年代初頭には50％程度で推移していたが、現在では、各国とも課税ベースの拡大とともに、大幅に引き下げられてきている。わが国の税率引き下げも他国を追いかけるように実施されてきた。日本（標準税率）の税率はドイツ程度の水準にあるが、イギリスと比べるとまだ大きな差がある。国際経済競争が熾烈を極める中、各国間での法人税率引き下げ競争が起きている状況にある。各国は国際競争力の維持や経済の活性化、海外資本の自国への投資を促すために税率を引き下げる傾向にある。

　たとえば、アイルランド、ハンガリーなどにおいては、低税率を2011年以降継続し世界の大企業の一部による投資を引き付けてきた（法人税率：アイルランド12.5%、ハンガリー9.0%）。

2021年10月8日、OECD加盟国を含む136カ国・地域は、法人税の最低税率を15％に設定することで決着合意した。大企業に対し法人税の実効税率を15％に設定することで、多国籍企業が税率の低い国・地域に子会社を置いて税負担を逃れるのを防ぐことが期待される。アイルランド、ハンガリーも合意に加わった。

3）ボーダーレス経済と国際課税制度

　国境を越える国際的な企業活動がさかんになるにつれて、法人課税が企業活動に及ぼす国際的な影響が重要なものとなっている。たとえば、わが国の企業の国外事業活動の所得について相手国が課税し、同じ所得について国内の本社でも課税されると二重課税になる。

　国境を越える経済活動に対する課税権の行使については、**居住地国課税**と**源泉地国課税**という2つの考え方がある。居住地国課税は国外での所得も含めた全世界所得に対して課税するものであり、源泉地国課税は所得の源泉のある国が、その国の居住者はもとより、非居住者に対しても源泉地国で生じた所得に課税するものである。各国において、それぞれの考え方に基づいて課税が行われると、居住地国と源泉地国の課税権の競合、すなわち国際的二重課税が発生する。

　また、経済活動がグローバルに展開する中で、タックス・ヘイブンに設立した形式的な子会社などを利用して税負担の意図的な軽減を図る行為や移転価格を利用した所得の海外移転（関連会社間の取引を正常な対価とは異なる価格で行うことにより、所得移転を図る）などの国際的租税回避行為が増加している。

　そこで、わが国では、**国際的二重課税**を調整するために、国外で発生した所得に対する国内課税額を限度として、国内の納付税額から国外で納めた税額を控除できる外国税額控除制度の整備がなされ、国際的租税回避へ対応するための移転価格税制や外国子会社合算税制などが整備されてきた。

8 資 産 課 税

1) 相　続　税

　経済社会のストック化が進展する中で、富の集中防止・再分配や資産格差是正の観点から資産課税の重要性が高まっている。

　わが国における資産課税の代表は、相続税である。現行税制の大きな問題点の一つは資産課税のあり方である。国民の多くが資産保有についての不公平感をもっており、所得分配もさることながら公平な資産分配の実現が求められる。資産分配の不公平や資産保有格差の問題、またもつ者ともたざる者との間の資産格差の連鎖によって生じる所得稼得能力の格差といった不公平の問題を解決するために相続税がある。相続税は、死亡した人の財産を相続した者に対して、その財産の取得時における価値額を課税価格として課される直接税であり、超過累進税率によって課税される。

2) 贈　与　税

　贈与税は、個人からの贈与によって財産を取得した者に対して、その取得財産の価値額を課税価格として課される直接税である。贈与税は、相続課税の存在を前提に、生前贈与による相続課税の回避を防止するという意味で、相続課税を補完する役割を果たす。相続税と同様に超過累進税率により課税される。

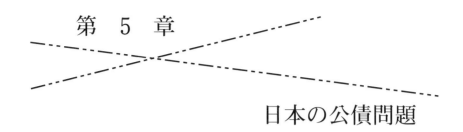

日本の公債問題

1　租税と公債の相違

1）公債の特徴

　国であれ、地方自治体であれ、歳入の中心は租税収入である。しかし、予算制度で学んだように、国や地方自治体は**量出制入の原則**によって歳出が先に決定し、それに合わせるように歳入が確保される。そのため、景気や制度の変動によっては先に決定した歳出額を確保できないときがある。こうした不足額を埋めるために利用される金銭的な借り入れが公債である。したがって、必要な歳出額を確保するという点では租税と公債に違いはない。また、金銭で徴収するという点でも租税と公債は似通っている。ところが、租税と公債には性格上大きな違いがある。

　まず、租税が強制性を伴うのに対して、公債は強制性を伴わない。強制性とは、有無をいわさずに徴収される、徴収に応じない場合は罰則さえ伴うことがある、ということを意味している。租税は、憲法第30条の納税の義務にもあるように、国民の義務の一つである。したがって、国や地方自治体が租税を徴収することに家計（私たち）や企業は抵抗することはできない（納税額が多すぎた場合に還付を受けることはできる）。一方で、公債は借り入れであるため、借りようとしている国や地方自治体に金銭を貸すか否かを家計や企業が決定することができる。

　次に、租税は法律で税率などが定められているため、不足額が発生したときにすぐに増税することが難しい。その点、公債は家計や企業が国や地方自

治体の借り入れに応じてくれるか否かが問題なので、彼らが借り入れに応じてくれるのであれば短期間に不足額を確保することができる。

　最後に、租税は徴収された家計や企業の負担となる。たとえば、あるとき、増税が行われると、たまたまその時期に生存していた家計や企業が負担を強いられる。つまり、負担が集中してしまう。公債は借り入れであるため、いずれ借り入れに応じた家計や企業に償還（返済）される。金銭の借り入れであるため、償還も金銭で行われるが、この金銭は租税によって徴収される。通常、公債の償還は長期間にわたって行われるため、負担は複数の世代にまたがって行われる。言い換えれば、負担が複数の世代に分散する。

　したがって、いくつかの点で公債にはメリットが存在する。たとえば、道路や橋など建設に大きな費用がかかるが、完成すれば将来にわたり多くの人が利用できるような財は世の中に多く存在する。こうした財を建設するときに、租税で必要額をまかなおう（増税する）とすると、そのときに生存している家計や企業に多額の負担を強いることになる。一方、公債でまかなおうとすれば、償還に際して複数の世代に負担を分担させることができる。

2）公債の分類

　ここまで、国や地方自治体の金銭的な借り入れのことを公債と総称してきたが、公債は借り入れを行う主体や目的などによっていくつかに分類される。

　借り入れを行う主体で分類すると、国が借り入れを行う場合は**国債**、地方自治体が借り入れを行う場合は**地方債**と呼ばれる。

　償還までの期間によって分類すると、償還期間が1年未満のものは短期債、2〜5年のものは中期債、10年以上のものは長期債、15年以上のものは超長期債と呼ばれる。

　どこから借り入れるかによって分類すると、国や地方自治体が国内で借り入れを行う場合は内国債、国外で借り入れを行う場合は外国債と呼ばれる。

　借り入れに応じるか否かは家計や企業に委ねられ、負担も複数の世代に分担されるため、一見すると公債は非常に便利な歳入確保の手段に見える。し

かし、読者の中には「日本の公債が累積しており問題である」とか、「財政健全化が必要」といった趣旨の言葉を見聞きしたことがあるのではないだろうか。公債によって歳入を確保することの何が問題なのだろうか。

2　公債発行の問題

1）制度的問題

　公債を発行し（すなわち国や地方自治体が借り入れを行って）歳入の不足分を確保することに対して、いくつかの問題点が指摘されている。それらを知ることで、今後、国や地方自治体が借り入れを続けることが政策として正しいことか否かを考えてみよう。

　制度から観察した場合、日本は公債の発行を法律上禁止している。財政法第4条は「国の歳出は、公債又は借入金以外の歳入を以て、その財源としなければならない。但し、公共事業費、出資金及び貸付金の財源については、国会の議決を経た金額の範囲内で、公債を発行し又は借入金をなすことができる」と定めている。また地方財政法第5条は「地方公共団体の歳出は、地方債以外の歳入をもつて、その財源としなければならない。」と定めている。いずれの法律も一部の例外を除いて公債（国債、地方債）に依存することを禁止している。

　地方債の詳細に関しては地方財政の章（第8章）に譲るとして、ここでは国債に焦点を絞って考えてみよう。先ほどの財政法第4条は公債によって歳入を確保することを禁止している一方で、公共事業費の財源を公債によって確保することを認めている。公共事業費を公債でまかなうことを認めているのは、先ほど述べたように、道路や橋などは完成すれば将来にわたり長期間で利用できるので、負担を分散した方が社会的に公平であると考えられるためである。

　ところで、公共事業などの費用として発行される国債は**建設国債**と呼ばれる。これとは別に、特に不景気の際に、公共事業費を建設国債でまかなって

もなお歳入が不足するときがある。そのようなときに発行される国債を**赤字国債**と呼ぶ。公共事業費の確保を目的としていないため、赤字国債は財政法で禁止されている。そのため、赤字国債を発行する必要に迫られた場合、政府は特別公債法と呼ばれる1年限りの法律を定めた上で発行している。

　赤字国債は、公共事業など完成すれば長期間にわたって利用できるような財の財源として発行されるものではない。たとえば、公務員の給与など、その年限りで利用される国債である。しかし、償還に際しては建設国債と同じように、将来の世代も負担を強いられる。そのため、赤字国債は将来世代にとって自分たちに何の利益ももたらさず、負担だけを強いる国債である。後でも触れることになるが、日本では赤字国債の累積が問題になっている。

　上記のように、日本は公債を安易に発行することを禁止している。次に、公債発行が経済に与える影響を観察してみよう。ここでも観察を簡単にするため、国債を中心に話を進めよう。

　まず、繰り返しになるが、国債は国の借り入れである。したがって、定められた期日までに元本と利子を償還しなければならない。毎年度の公債の償還額は、予算制度で見たように**国債費**として国の歳出額の中に現れる。また、国債による収入は歳入の**公債費**に現れる。

2) 経済への影響

　建設国債であれ赤字国債であれ、国債による収入が増加すれば、当然、毎年度の償還額が多くなる。国債費が増加すると、社会保障関係費や防衛費など、他の費目への歳出を圧迫してしまう。こうした現象を**財政の硬直性**という（下方硬直性ともいう）。これは家計が借金を重ねれば返済額が膨れ上がり、生活費を圧迫してしまう状況に似ている。

　2つ目の問題点は、公債発行を通した政府支出の増加による投資の減少、いわゆる**クラウディング・アウト効果**である。この問題点は、経済学やマクロ経済学で学んだ*IS-LM*分析を思い出しながら考えてみよう（なるべく読みこなすことをお勧めするが、グラフの読み取りが苦手な読者は、エッセンスだけでも理解するよう努力してみよう）。

　IS曲線とLM曲線が図5-1の左側のグラフのように交わっているとする。ここで、政府が政府支出を増加させてIS曲線を右にシフトさせたとする。LM曲線は当初と同じ位置にいるため、曲線の交点が E_1 から E_2 に移動する。その結果、国民所得は Y_1 から Y_2 に増加する。一方、利子率は r_1 から r_2 に上昇する。利子率が増加すると、投資が減少する（投資は利子率の減少関数であったことを思い出そう）。ここまでをまとめてみると、「政府支出の増加が投資を減少させる」、ということができる。これがクラウディング・アウトである。さらに、政府支出の増加を公債によって実施すれば、「公債発行によって投資が減少する」とつながる。これが、公債発行が経済に与える影響の2つ目の問題点である。

　公債は償還に関する負担を複数の世代に分散できる点が利点の一つであった。しかし、この点は公債が公共事業など将来にわたって利用できるもののために発行された場合、つまり建設国債に限るものであり、赤字国債の場合はこの限りではない。赤字国債は、発行された年度にのみ利益をもたらす一方で、償還の負担を将来の世代にも強いる。赤字国債が多く発行されればされるほど、将来世代の負担が大きくなる。公債発行による負担のアンバランスを**世代間の負担不公平**という。

　さて、このように公債発行は経済に対して悪影響も及ぼすと指摘されてい

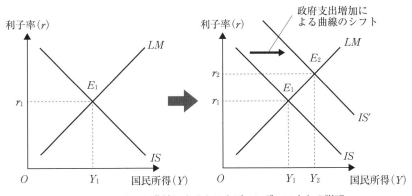

図5-1　*IS-LM*曲線によるクラウディング・アウトの説明

る。しかし、これは本当だろうか。もし本当であるならば、いますぐにでも公債の発行は止めるべきであるが、そうでないならば、公債は租税よりも使い勝手がよい。公債発行が家計や企業にとって負担になるのか否かについて、これまで多くの研究者が様々な主張や論争を繰り返してきている。次に、公債負担に関する主張の一端を学び、今後、公債発行を続けるか否かについて考えてみよう。

3 公債の負担

1）公債負担論

　世代間の負担不公平で観察したように、公債（特に赤字国債）を発行すると将来世代は利益を得られないばかりか、負担ばかり強いられると考えられる。将来世代に負担が転嫁されるか否かで考え方が分かれる。

　まず、ハンセン（A. H. Hansen. 1887-1975）やラーナー（A. P. Lerner. 1903-1982）など新正統派と呼ばれる人々は、公債の負担は発生しないと主張した。彼らは、利用可能な資源の量は一国内で定まっていることを前提としている。そして、その資源を政府が利用するか民間（家計や企業）が利用するかの違いであると考えている。そのため、政府が公債を発行して支出を増加させても、民間が利用できる資源の量が減るだけで、国内で使用できる資源の量は変わらないという。逆に、公債を償還するときも公債を保有している家計や企業の利用可能な資源が増加するだけで、一国内で利用可能な資源は変わらない。したがって、利用可能な資源という観点から公債発行は負担を発生させないと新正統派の人々は主張した。

　新正統派の主張に対して、公債の発行と償還が複数の世代にまたがる場合、負担が発生すると主張したのがボーエン（W. G. Bowen. 1933-2016）たちである。彼らは公債発行によって被る消費量の変動（可処分所得の増減と言い換えてもよい）に着目した。世代に着目して彼らの考えに触れてみよう（以下では数式を用いて説明するため、数学が苦手な読者は結論部分だけでも理解できるように努め

てみよう）。

　いま、2 つの世代が存在し、それぞれの世代が青年期と高齢期の 2 期間生存するとしよう。それぞれの世代は一方が高齢期、他方が青年期というかたちで重複している（図 5 - 2）。いずれの世代も青年期に労働によって所得（Y）を獲得し、一部を消費（C）、残りを貯蓄（S）に振り分ける。高齢期は労働をせず所得を得ないため青年期の貯蓄に基づいて消費を行う。

　ここで政府が 1 期公債を発行して政府支出の財源を全額まかない、2 期に償還したとしよう。公債償還の財源は 2 期に青年期である $t + 1$ 世代に課税する（T）ことでまかなう。これらの設定からそれぞれの世代の予算制約式を表すと以下のようになる。

$$C_1 = Y_1 - S - b \qquad （5 - 1 式）$$
$$C_2 = (1+r)S + (1+r)b \qquad （5 - 2 式）$$
$$C_1 = Y_1 - S - T_1 \qquad （5 - 3 式）$$
$$C_2 = (1+r)S \qquad （5 - 4 式）$$

　4 つの式のうち、5 - 1 式と 5 - 2 式は t 世代の青年期と高齢期の予算制約式、5 - 3 式と 5 - 4 式は $t + 1$ 世代の青年期と高齢期の予算制約式である。それぞれの式の添え字は 1 が青年期、2 は高齢期を表している。

　それぞれの式の意味を考えてみよう。t 世代の青年期の予算制約式である 5 - 1 式は消費が所得から貯蓄と公債発行額（b）を引いた残りによってまかなわれることを表している。t 世代の高齢期の予算制約式である 5 - 2 式は消費が青年期に行った貯蓄と公債償還によってまかなわれることを意味している。それぞれに（$1 + r$）が付いているのは利子が付くことを表している。

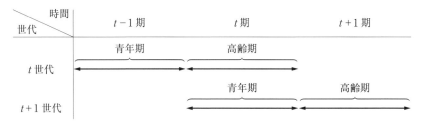

図 5 - 2　世代重複のイメージ

$t+1$世代の青年期の予算制約式を表す5-3式は消費が所得から貯蓄と租税負担を除いた部分からなることを意味している。$t+1$世代はt世代と異なり公債償還のための租税負担を強いられる。最後の5-4式は$t+1$世代の高齢期の予算制約式を表し、青年期の貯蓄に利子を付けたものに基づき消費が行われる。

　さて、それぞれの世代の生涯にわたる予算制約式を見るために5-1式と5-2式、5-3式と5-4式をまとめてみよう。

$$C_1 + \frac{C_2}{1+r} = Y_1 \qquad (5-5\,\text{式})$$

$$C_1 + \frac{C_2}{1+r} = Y_1 - T_1 \qquad (5-6\,\text{式})$$

　t世代の生涯にわたる予算制約式（5-5式）を見ると、式中に公債が現れないため公債発行が消費に影響を与えていないことがわかる。一方で、$t+1$世代は公債償還のために租税負担を強いられるためt世代に比べて生涯を通じて所得が減少している。したがって、政府が公債発行量を増加させれば償還のための租税負担も増加する。言い換えれば公債償還の負担が後の世代（この場合であれば$t+1$世代）に転嫁されることを意味する。

　このように公債の償還が複数の世代にまたがると償還のための負担が後の世代（将来世代）に転嫁されることになる（この議論は、世代が3世代以上になったとしても同じことが繰り返される）。

　ここまでの議論は、世代が複数存在していたとしても、そうでないとしても、政府が減税をしたり増税をしたりすることに家計や企業は振り回されてきた。しかし、もし家計や企業が減税や増税といった政府の行動を予測して行動を変化させるとした何が起こるだろうか。未来の政府の行動を予測するなどというと、予言のように聞こえるかもしれない。しかし、こうしたことは現実の世界でもしばしば起こりうる。たとえば、将来的に増税が予定されている場合（日本では2019年10月に消費税が10％に増税された）、私たちは消費行動を変化させるだろう。公債に関しても同じように、将来的に償還のために増税が実施されることが予測できるのならば、われわれの行動は変化するのだ

ろうか。

2）等価定理と中立命題

　ボーエンらの主張にしたがえば、公債は将来世代に負担を転嫁することになるので財源調達の方法として望ましくない。一方でリカード（D. Richardo. 1772-1823）は財源調達を租税で行おうと公債で行おうと同じであるということを示した。先ほどの予算制約式を利用しながら彼の示した考え方に触れてみよう。

　リカードは同一世代内で公債発行と償還が行われる状況を想定していた。そこで、t 世代に着目し、政府支出の財源調達を租税のみで行った場合と公債によって調達する場合の影響を比較して考えてみよう。すなわち、青年期、高齢期のいずれでも課税が行われる。そのため、各期の予算制約式は以下のように書き換えられる。

$$C_1 = Y_1 - S - T_1 \qquad （5\text{-}7式）$$
$$C_2 = (1+r)S - T_2 \qquad （5\text{-}8式）$$

政府支出の財源を租税でまかなうため高齢期にも租税負担（T_2）が生じている。ここから生涯を通じた予算制約式は以下のようになる。

$$C_1 + \frac{C_2}{1+r} = Y_1 - T_1 - \frac{T_2}{1+r} \qquad （5\text{-}9式）$$

　次に政府支出の財源の一部を公債発行によってまかなったとしよう。公債は青年期に発行され、高齢期に償還される。したがって、青年期、高齢期の予算制約式は以下のように書き換えられる。

$$C_1 = Y_1 - S - b - T_1 \qquad （5\text{-}10式）$$
$$C_2 = (1+r)S + (1+r)b - T_2 \qquad （5\text{-}11式）$$

　高齢期には公債の償還が行われるため利子を加えた金額が所得の一部となるが、同時に償還財源として租税負担を強いられる。ここから生涯を通じた予算制約式を求めれば、

$$C_1 + \frac{C_2}{1+r} = Y_1 - T_1 - \frac{T_2}{1+r} \qquad （5\text{-}12式）$$

となる。5-12式は5-9式と同じであり、租税での財源調達と公債による財源調達の消費に与える影響が等しいことがわかるだろう。このリカードの考え方は、**等価定理**と呼ばれる。

等価定理は公債を政府支出の財源調達方法として積極的に活用したい人々にとっては魅力的に映るだろう。政府支出が同額だったとして、公債への依存が強まり（その分租税負担が減り）、消費が増加したとする。そのとき、償還期の増税に備えて貯蓄を増やせば生涯を通じた消費量は変わらない。したがって、公債残高がどれほど増加しようと消費に対して影響を与えず、問題視する必要がなくなる。ところが、公債の償還が世代を超えた場合、等価定理は成立しなくなってしまう。長期債や超長期債が発効されている現実を見ても、公債の償還が複数の世代にまたがっていると考えるのは妥当であろう。こうした状況に対して公債発行が消費に対して中立的になることはないのだろうか。

この問いに対して世代を超えた利他的な行動に着目し公債発行が中立的になるとバロー（R. J. Barro. 1944- ）は主張した。彼は世代を超えた利他的な行動として親が子に遺す財産に注目した。ボーエンが主張したように公債の償還が世代を超えた場合、将来世代（たとえば図5-2の$t+1$世代）に負担が転嫁されてしまう。そのとき、高齢世代（図5-2のt世代）が負担額と同額の財産を遺せば若い世代の負担は相殺され、消費に対して公債発行が影響を与えなくなるとバローは考え、世代を超えても公債が中立的になると主張した。彼の主張は公債の**中立命題**と呼ばれる。

さて、バローが遺産を考慮したことで公債の償還が世代を超えて行われても消費に影響を与えず、将来世代に負担を転嫁することがないことが示された。親が子に財産を遺すことは不思議な行動ではないため、一見すると現実世界でも成立するように思われる。そして、現実に行われている政策や問題視されている事象についていくつかは議論する必要がなくなる、あるいは意味を失うであろう。たとえば、公債残高、将来世代の租税負担、公債発行に伴う減税政策、そして財政の持続可能性などが挙げられる。

中立命題が成立する場合、公債の償還が同一世代内で行われようと世代を

超えて行われようと貯蓄の増加や遺産によって消費に影響を与えない。つまり、公債残高は単にそのときの状況を表すだけであり、何ら問題ではない。同様に考えれば将来世代の租税負担も遺産によって相殺され、減税政策も貯蓄増加によって相殺されてしまう。結果として財政破綻の危険性も考慮する必要はない。そのため、政府は公債発行に躊躇することはなくなるだろう。では、等価定理や中立命題は現実世界でも成立するのだろうか。

リカードの等価定理にしてもバローの中立命題にしても、現実世界で完全に成立するためにはクリアしなければならないいくつかの条件が存在する。その条件を見た上で、改めて現実に成立しているかを考えてみよう。以下では、リカードの等価定理とバローの中立命題を合わせて中立命題と表記する。

中立命題は利子率で割り引いた現在価値に基づいて家計が消費や貯蓄を行うことを導いた。しかし、いま消費するか後々消費する（いま貯蓄する）かの選択は利子率に依存する。したがって、利子率がいつでも同じであることが中立命題成立の条件の一つになる。ちなみに、利子率が現在と将来において異なる状態を**流動性制約**という。

政府は公債発行に際して減税を行い、償還に際して増税する。この増減税は家計の所得に関係なく行われる。こうした所得に関係なく徴収される租税は一括固定税と呼ばれる。現実には1990（平成2）年にイギリスで人頭税という名称で導入されたが、1993（平成5）年に廃止されている。また、日本の個人住民税均等割は一括固定税に近い。政府が一括固定税ではなくたとえば所得税のような所得に関係した租税を徴収したとすると、家計の勤労意欲に影響を与える（税率が高すぎて働く意欲が失われるなど）可能性がある。そのとき、公債発行に対して家計の行動が中立的ではなくなる。

公債償還のために政府はいずれ増税をするだろう。そこまでは家計も予想できるかもしれない。しかし、「いつ」増税するかを正確に把握することは困難である。特に家計と政府では政府の方がより長期的視野をもっていると考えるのが妥当であろう。そのとき、政府がいずれ増税するのを前提として減税をしたとしても、家計からすれば増税に備えて消費を減らさず、減税に

よって増えた可処分所得を消費に回してしまうかもしれない。そうなれば中立命題は成立しなくなってしまう。

　同じように、人々は自分の寿命を正確に知ることはできない。自分の寿命が正確にわかれば、それに基づいて子に財産を遺すことができる。しかし、現実にそれはかなり困難である。また、子の負担を軽減するという目的で財産を遺す利他的行動ではなく、財産を遺す見返りに自分の老後の面倒を見てもらおうとするなど、利己的行動の場合、中立命題は成立しなくなる。

　さて、ここまで見てきたように、公債発行が将来世代に負担を転嫁するか否かに関してはいくつかの主張が存在している。その中でも、公債発行がまったく意味をもたないという中立命題の考え方は異彩を放っている。一方で、中立命題が完全に成立するためには乗り越えなくてはならない条件がいくつか存在している。中立命題が成立しているか否かをめぐっては、日本でも数多くの研究論文が蓄積されてきているが、いまだに統一的な結論が出ていない。現実的には、完全に成立しているわけではないが、完全に不成立というわけでもないと解釈するのが妥当かもしれない。ここまで読み進めてくれた読者には、ぜひ、中立命題が成立しているか否かに関して一考して欲しい。

4　日本の公債発行の現状

1）公債発行の推移

　ここまでは公債に関する制度、理論について学んできた。最後に、現実との接点として、日本の国債発行の状況について観察してみよう。また、これまでに発行された国債の償還に対して国はどのような手を打っているのかを見てみよう。本章は国債の動向を中心に取り扱っているため詳述できないが、国債の発行は日本経済全体の動きに影響されている。余力のある読者は日本経済のテキストも合わせて読むと非常に理解が深まると思われる。ぜひチャレンジして欲しい。

　第2次大戦後、高度経済成長により租税の自然増収を享受していた日本であったが、1965（昭和40）年度から国債発行が行われ、その後、建設国債、赤字国債とも残高が累増している。また、それに伴ってGDP（国内総生産）に占める国債残高の占める割合は上昇している（図5-3）。当初は財政法第4条で認められていた建設国債のみの発行であったが、1973（昭和48）年に起きた第1次石油危機の影響により、1974（昭和49）年度に戦後初めてマイナスの経済成長に転落した。第1次石油危機後の不況により、税収不足に陥ったため公債発行を行うが、建設国債だけでは必要額をまかない切れず、ついに赤字国債の発行に踏み切った。これ以降、日本は国債への依存を前提とした財政運営を始めることになる。

　国債残高の累増に対して、1981（昭和56）年に行財政改革を行うための第2次臨時行政調査会（会長を務めた土光敏夫氏の名前から、通称「土光臨調」とも呼

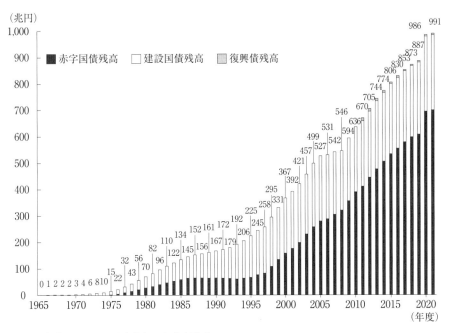

出典）「我が国の財政事情」より筆者作成。

図5-3　国債残高の推移

ばれる。以降では、土光臨調と記述する）が発足し、1984（昭和59）年度の赤字国債からの脱却を目指した。土光臨調は行財政のスリム化を推進するため、国鉄（現在のJR）、日本電信電話公社（現在のNTT）、そして日本専売公社（現在のJT）を民営化した。しかし、1978（昭和53）年末に発生した第2次石油危機の影響が大きく、1984年度の赤字国債脱却の目標達成は断念された。追い打ちをかけるように、1985（昭和60）年のプラザ合意によって円高不況に陥るが、その後のバブル経済と呼ばれる好景気によって税収が回復・増加した結果、1990（平成2）年度に赤字国債新規発行脱却の目標が達成された。注意したいのは、達成された目標が「新規赤字国債発行」であった点である。すなわち、図5-3にもあるように、これまで発行してきた国債は残存している。やや横道に逸れるが、読者には「単年度で国債がどれだけ発行されているか」と「これまで発行された国債の残高がいくらか」という点、言い換えるとフローとストック（これらの概念の詳細は経済学のテキストを参照しよう）に注意して欲しい。

　さて、バブル経済によって赤字国債の新規発行からは脱却できたが、バブル経済が崩壊すると日本は長い不況に突入する。「失われた10年」や「失われた15年」と呼ばれる時期の始まりである。

　不況突入により法人税を中心に税収が落ち込む一方で、景気浮揚のために政府支出を拡大しなければならず、国は公共事業を中心に歳出拡大を行った。ここで財源確保のために利用されたのが国債であった。さらに、1995（平成7）年に発生した阪神淡路大震災からの復旧・復興のためにも建設国債が活用された（図5-3で平成7年度以降建設国債の残高が増加していることを確認して欲しい）。

　1996（平成8）年に発足した橋本内閣は、国債残高の累増など財政状況の悪化に対して財政構造改革を実施することを提唱し、**財政構造改革法**を制定した。財政構造改革法では2003（平成15）年度までに毎年度赤字国債の発行を削減することなどを盛り込んでいた。しかし、1998（平成10）年の参議院選挙で自民党が敗北して橋本内閣が総辞職をすると、後を継いだ小渕内閣は景気浮揚に力点を置き、同年には財政構造改革法を凍結した。さらに、景気

浮揚のために公共事業を中心とした歳出拡大や消費を喚起するために所得税の減税を行ったため、再び財源の確保に国債が大量に発行された。

　21世紀に入り発足した小泉内閣は、「聖域なき構造改革」をスローガンに橋本内閣以来再び財政を含めた構造改革に着手した。小泉内閣の構造改革の主眼は国の役割を小さくすることで財政状況を改善することであり、「官から民へ」、「中央から地方へ」といったことを改革の中心に据えていた。その中で国債に関しては、2002（平成14）年度予算において国債発行額を30兆円以下に抑制することが目標として掲げられた。また、2010年代初頭には国および地方の**プライマリー・バランス（基礎的財政収支）**を黒字化することも目標に掲げられた。現在でも財政健全化の指標としてプライマリー・バランスの黒字化が叫ばれることが多いため、聞いたことがある読者もいるかもしれない。政府としての目標として主張され始めたのは小泉内閣の頃からである。

　様々な見方があるため評価の難しいところではあるが、小泉内閣の構造改革の結果、2005（平成17）年度から2008（平成20）年度にかけて国債残高累増のスピードは鈍化した。しかし、2007（平成19）年度には国債残高の対GDP比は100%を突破した（政府総債務残高の対GDP比で見ると、1997〔平成9〕年度の時点で100%を超えている）。経済学のテキストにあるように、GDPとは「一定期間（通常一年か四半期）における一国内もしくは一地域内で生産されたすべての財・サービスの付加価値の合計」である。したがって、対GDP比で100%を超えたということは、極端な言い方をすれば、日本で生産された財・サービスの付加価値の合計額をすべて償還にあててもようやく返済が終わるか終わらないかという状況を意味する。この状況は、他国にない、きわめて異常な状態である。

　その後2008（平成20）年に発生したリーマン・ショックによる世界同時不況によって、再び景気が低迷し景気浮揚のために政府支出の拡大が求められ、国債が利用された。さらに、2011（平成23）年に発生した東日本大震災の復旧・復興のためにこれまでの建設国債と赤字国債に加えて復興債が加わり国債残高は再び累増してきている。2012（平成24）年に発足した第2次安

倍内閣は、「大胆な金融政策」、「機動的な財政政策」、「民間投資を喚起する成長戦略」を3本の矢とする**アベノミクス**を掲げ、デフレからの脱却を目指している。この政策に対する評価に関して読者それぞれが意見をもっているだろうが、国債残高という点に鑑みると、2021年度末には国債残高が990兆円、普通国債残高の対GDP比は177％に達するという状況である。

　さて、ここまでは国債の残高に着目して動向を観察してきた。先ほど、フローとストックに触れたが、次に単年度の予算に占める国債の割合について観察してみよう。

　予算に占める国債からの収入の割合は**公債依存度**と呼ばれる。図5‐4は公債依存度の推移を示しているが、バブル経済崩壊後から依存度が上昇していることがうかがえる。年度によって上下動を繰り返してはいるが全体的な推移としては右肩上がりとなっている。そして、2009（平成21）年度には公債依存度が51.5％を記録した。すなわち、国の歳入のおよそ半分が国債に依存していることを意味している。その後、公債依存度は低下を始め、2017（平成29）年度では公債依存度が34.2％にまで抑制された。しかし、コロナ禍により2020年度の公債依存度は64.1％に達し、2021年度も40.9％と高水準とな

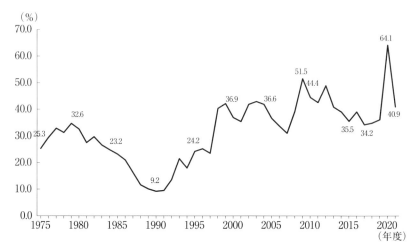

出典）「我が国の財政事情」より筆者作成。

図5‐4　公債依存度の推移（1975〔昭和50〕年度～2021〔令和3〕年度）

っている。

　ここまで見てきたように、ストックで見てもフローで見ても、日本は国債
への依存が強い状況にあることは疑いないだろう。日本ではこの状況を改善
するために、先ほど触れたプライマリー・バランスを利用して国債への依存
度を減らそうとしている。

2) プライマリー・バランス

　プライマリー・バランスとは、歳出から国債費を除いた部分と、歳入から
公債費を除いた部分を比較するものである。図5-5はプライマリー・バラ
ンスに関して黒字、均衡、そして赤字の状況を示している。たとえば、税収
が国債費を除く歳出のみならず国債費の償還にも利用できるような状況はプ
ライマリー・バランス黒字といわれる。つまり、税収と国債費を除く歳出を
比較して税収の方が多いため黒字ということである。同じように、税収と国
債費を除く歳出が等しくなればプライマリー・バランス均衡といわれる。逆
に、税収が国債費を除く歳出よりも少なければプライマリー・バランス赤字
といわれる。

　これらの状況のうち、プライマリー・バランス黒字であれば、税収によっ
て国債を償還できるため、国債残高は減少する。もし、プライマリー・バラ
ンス均衡であれば、国債残高はいまの状態から増えることはない。しかし、

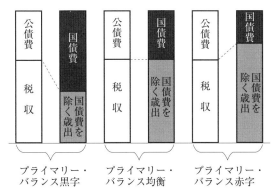

図5-5　プライマリー・バランス

プライマリー・バランス赤字では、国債残高が今後増加していくことになる。

　通常、私たちがプライマリー・バランスを目にするときは実額ではなく、対GDP比という形で見ることになる（図5-6）。プライマリー・バランスの推移を見ると、国は2009（平成21）年度を底としてコロナ禍の2020年を除き改善してきているとはいえ、プライマリー・バランス赤字の状態が続いている。先ほどの説明に照らし合わせれば、国債は残高が減らず、累積しているということである。図5-3の国債残高の推移と整合的である。

　国はプライマリー・バランス赤字の状況を改善すべく、2020年度までに国と地方のプライマリー・バランスを黒字化することを目標に掲げていた。2021（令和3）年に実施された衆議院総選挙の後も、黒字化の時期を2025年度と掲げている。しかし、コロナ禍の影響もあり国債残高が急速に減少することは（よほど税収が増加するというような状況にならない限り）難しい状況にあると思われる。

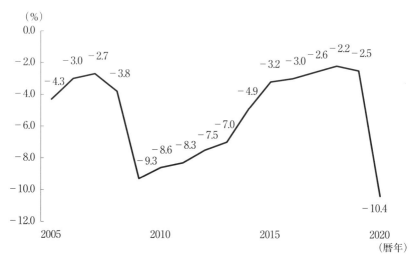

出典）財務省「日本の財政関係資料」令和3年10月版より筆者作成。

図5-6　日本のプライマリー・バランス（対GDP比）の推移

　さて、本章では国の借り入れである公債について国債を中心に、租税との違い、公債発行の問題点、負担の行き着く先、そして日本の状況などについて観察してきた。特に、日本の現状については現在進行中の現象である。もし、中立命題が完全に成立しているのであれば、国債の残高を気にする必要はなくなる。しかし、中立命題が成立するための条件でも見た通り、成立するためにはいくつかの条件をクリアしなければならないため、日本において中立命題が完全に成立しているとは考えにくい。そうであるならば、累積している国債はいずれ償還せねばならず、誰かが負担しなければならないかもしれない。国債を減らすべきか否かという議論も含めて、読者の皆さんには国債のあり方について少しでも興味をもっていただきたいと思う。

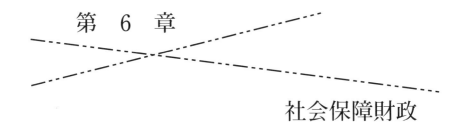

第　6　章

社会保障財政

1　日本の社会保障制度

1）社会保障とは

　生活をしていく中で病気や事故に遭う可能性は誰にでもあり、最悪の場合には生活が困窮することも十分にありえる。さらに、親が死亡したために教育を受けられなくなることや、十分な蓄えがなく高齢になったり予想以上に長生きをして蓄えが底をついたりして困窮する場合も考えられる。そのような様々な生活上の困難を抱えた場合にも人間らしく生きていくために、政府が必要な現金給付やサービスを提供する所得再分配機能を**社会保障**という。

2）日本の社会保障制度

　日本の社会保障制度は、**社会保険**と**社会福祉、公的扶助、保健医療・公衆衛生**の４つに分類される（表6‐1）。社会保険は、年金保険や医療保険など保険料を主な財源として運営される制度で、対象となる人の範囲が広いことや社会保障給付費全体に占める割合が大きいという点から日本の社会保障制度の中心をなすといえる。その中でも年金保険と医療保険、介護保険の社会保障給付費の割合が大きいため、年金保険については２節、残りの２つについては３節で詳しく説明する。この節ではそれ以外について説明する。

　社会保険には上記の３つ以外に**雇用保険**と**労災保険**があり、この２つを合わせて労働保険と呼んでいる。雇用保険は、被保険者が失業した際に失業給付を行う制度で、その財源の４分の１を国、残りを労働者と雇用主が２分の

表6-1　日本の社会保障制度

分類	機能	主な制度	社会保障給付費に占める割合	主な財源
社会保険	年金保険	国民年金、厚生年金	44%	保険料と公費
	医療保険	国民健康保険、協会けんぽ（全国健康保険協会）、健康保険組合、共済組合、後期高齢者医療制度	30%	
	介護保険	介護保険	9%	
	雇用保険	雇用保険（失業給付）	2%	
	労災保険	労働者災害補償保険	1%	保険料
社会福祉	児童福祉	児童手当	8%	公費
	障害者福祉	介護給付、訓練等給付、地域生活支援事業		
公的扶助	生活保護など	生活保護、生活困窮者自立支援制度	3%	
保健医療・公衆衛生	健康増進、疾病予防など	感染症対策、予防接種	1%	

注）社会保障給付費に占める割合は、国立社会保障・人口問題研究所「令和元年度　社会保障費用統計」より作成した。なお、社会保障給付費にはその他の社会保障制度の給付費も含まれるため、上記割合を合計しても100にはならない。

1ずつ負担する。労働者災害補償保険（労災保険）は、仕事中や通勤中の災害に遭って負傷などした人に保険給付を行う制度で、その財源は全額を事業主が負担している。

　社会福祉は、子育て支援などの児童福祉や障害のある人々をサポートする障害者福祉などに関する制度のことである。この中には、中学生以下の児童を養育している保護者に対して給付される児童手当も含まれる。児童手当の社会保障給付費は2019年度で2兆6600億円、社会福祉全体に占める割合は36%である（国立社会保障・人口問題研究所「令和元年度　社会保障費用統計」）。

　公的扶助は、生活が困窮する人に対してその程度に応じて必要な保護を行う制度のことで、主に生活保護制度のことである。生活保護には、食費など生活に必要な費用を扶助する生活扶助だけでなく、医療費や介護費を扶助する医療扶助や介護補助など8つの扶助がある。

　2019年に生活保護の被保護世帯数のうち最大の割合を占めているのは高齢

者世帯で全体の56％となっており、続いて障害者・傷病者世帯が25％、母子
世帯が５％、その他の世帯が14％となっている。被保護世帯数に高齢者世帯
が占める割合は、図６‐１が示すように1965年には23％であったのがおよそ
50年間で２倍以上の56％になっている。これは、高齢化の進展で全世帯に占
める高齢者世帯の割合が同期間に３％から29％と９倍以上になった影響が大
きい。４節で説明する年金や医療保険だけでなく、このように少子高齢化は
生活保護にも影響を与えている。

　一方で、高齢者世帯数の増加ほどには被保護世帯の高齢者世帯数は増加し
ておらず、高齢者世帯に占める生活保護の被保護世帯の割合は上記の期間に
17％から６％に大きく低下している。これは年金制度の充実によって十分な
年金給付を受けることができる人が増加したためであると考えられ、年金制
度の重要性を示しているといえる。

　保健医療・公衆衛生は、人々の健康増進と公衆衛生に関する様々な政策の
ことで、感染症対策や予防接種などが含まれる。

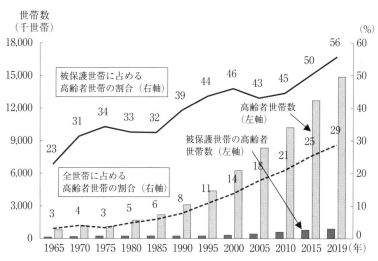

出典）厚生労働省「2019年度　被保護者調査」より作成。

図６‐１　高齢者と生活保護

2 年　　金

1) 公的年金の仕組み

　多くの人は高齢になると労働によって収入を得ることは難しくなるため、老後の生活を金銭面で支える仕組みが必要である。ただし寿命が何歳までかは事前には不明なため、老後に必要な金額を正確に把握することは難しい。そのため、老後の資金を確保するには預貯金ではなく一生涯続く年金が適している。年金は保険の一種で、基本的な仕組みは生命保険等と同じである。つまり、被保険者の保険料を原資にして、高齢時に生存している人に対して定期的に金銭（＝年金）が支払われる金融商品である。各人の生涯で受け取る年金総額は、人によって寿命が異なるため事前にはわからない。しかし、全員の年金総額は（平均寿命－受給開始年齢）×年間の年金額×人数によって算出できる。つまり、平均寿命を元にした保険料を集めることで支払いに必要な原資は確保でき、生存している限り年金を受け取ることができる仕組み（終身年金）が可能となる。このような仕組みであることから、年金は加入者の中で寿命の短かった人から長かった人へ資金の移転が行われる保険とみなすことができ、民間の保険会社にも運営が可能である。

　このように年金は高齢化社会において必要不可欠な金融商品であるが、長期間にわたって保険料の支払いが続くにもかかわらず、その恩恵は高齢になってからであるため、若い頃はその必要性をなかなか実感できない。そのため、将来の年金受給よりも、目前の消費を優先して年金に加入しない人も出てくる。このことは、その個人にとっても問題であるが、社会にとっても無年金の高齢者を税金で支えざるを得ない状況となり、大きな問題となる。実際、現在の生活保護受給者の大きな割合を占めているのが高齢者であり（図6－1）、その多くは国民皆保険が確立する前の人々である。そこで、政府によって制度設計された、国民全員が強制的に加入する公的年金制度が必要となったのである。これによって、年金支給の原資が必ず確保され、すべての

人が高齢時に年金を受給することができるのである。これが、**国民皆年金制度**である。

　公的年金制度は、**社会保険方式**と**税方式**に大別され、さらに社会保険方式には**賦課方式**と**積立方式**がある。賦課方式と積立方式は、ともに年金支給の原資を、働いている現役世代の社会保険料（以下では保険料と略す）によってまかなう方式である。まず賦課方式は、現在の現役世代が支払った保険料を原資として、現在の高齢世代に年金を支払う方式である。この方式は、同時代の現役世代から高齢世代に資金が移転することになり、1人の高齢者に支給される年金額を何人の現役世代で負担するかが問題となる。そのため、現役世代に比べて高齢世代が少ない高度経済成長期（人口ボーナス期、4節1）を参照）には現役世代の負担が少ないという利点となったが、少子高齢化が進むと逆に現役世代の負担が重くなるという欠点となった。一方、積立方式は現役世代のときに支払った保険料を積み立てておき、それを高齢世代となったときに年金として受け取る方式である。この方式は世代間の移転がないため、世代間で人口が異なったとしても賦課方式のような問題は発生せず、少子高齢化の影響を直接は受けない仕組みといえる。

　税方式は、年金支給の原資を税によってまかなう方式である。消費税を税財源とした場合には、現役世代だけでなく高齢世代も負担することから、高齢化が進む場合には現役世代への負担が賦課方式よりは軽減される可能性がある。また、年金保険料の未払いがないため、無保険者の発生という問題も発生しない。

2) 日本の公的年金制度

　現在の日本の公的年金制度は、国民皆年金制度となっている。その中心は、日本に居住する20歳以上の人が加入しなければならない**国民年金**で、1階部分と呼んでいる。図6-2のように、国民年金の加入者は第1号、第2号、第3号被保険者と3つに分かれている。**第1号被保険者**は第2号や第3号に該当しない人で、主に自営業者やその配偶者、学生などである。**第2号被保険者**は企業の正規雇用者および一部の非正規雇用者や公務員、私立学校

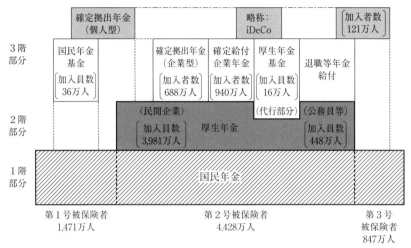

図6-2　日本の公的年金制度

の教職員で、**第3号被保険者**は第2号被保険者の配偶者である。第2号被保険者には**厚生年金**にも加入義務があり、これは2階部分と呼んでいる。

　国民年金と厚生年金はともに賦課方式の終身年金となっている。ただし、積立金を併用したり税による公費負担を導入したりするとともに、保険料率などの再計算を行う財政再計算を5年ごとに行うことで、少子高齢化が進展する中で制度の持続性の確保を目指した工夫がなされている。

　国民年金の保険料は、第1号被保険者は収入や年齢に関係なく定額となっており、第2号被保険者は厚生年金と一体で徴収されており、第3号被保険者は全額免除となっている。第1号から第3号のいずれか、もしくは合計して保険料を40年間納めることで、65歳から一生涯にわたって年金を受け取ることができる（終身年金）。1年間の年金額は、第1号から第3号に関係なく同額である。ただし、納付されなかった期間がある場合には、その期間に応じて年金額が減額されることとなる。

　ここで問題となるのが、第3号被保険者の保険料が全額免除されていると

いう点である。第 3 号被保険者となるためには収入が一定以下である必要が
あるため、特にパート労働者の場合には収入がそれを超えて保険料負担が生
じることのないように労働時間を抑制する傾向がある。これは女性の場合が
多く、女性の就業を抑制する結果となっている。

　厚生年金は国民年金と異なり、保険料は被保険者の収入に比例した金額
で、老後に受け取る年金は負担した保険料総額に比例した金額となる。さら
に、保険料は企業などの雇用主と労働者が折半で負担している。このことは
雇用主からすると、賃金とは別に労働コストがかかることになるため、厚生
年金への加入義務のない非正規雇用者が増える誘因ともなっている。そこ
で、政府は徐々に厚生年金への加入条件を緩和して対象者を拡大させている。

　物価上昇は、受け取る年金の実質的な価値を低下させるため、受給者の生
活にマイナスの影響を与える。そこで、前年の消費者物価指数の変動に応じ
て年金額が増減する**物価スライド**という仕組みが導入されている。

3）公的年金の現状

　国民年金の被保険者数は、表 6 - 2 のように徐々に減少しており、1999年
度末から2019年度末までの20年間で566万人も減少している。一方で年金を
受け取っている人は1458万人増加している。その結果、1 人の年金受給権者
を何人の保険料を負担する被保険者で支えているかを表す年金扶養比率は
3.57（人）から1.89（人）に大きく下がっている。

　一方で厚生年金の被保険者数は、表 6 - 2 のように減少から増加に転じて
おり、1999年度末と比べて2019年度末には713万人の増加となっている。し
かしながら、年金受給権者数はこの20年間に809万人も増加しており、年金
扶養比率は3.51（人）から2.38（人）に大きく下がっている。

　このような状況のため、保険料負担が増加している。国民年金では、1 カ
月の保険料が1999年の 1 万3300円から2019年には 1 万6540円に3240円増加し
た。厚生年金も、保険料率が同期間に17.350％から18.300％に0.95ポイント上
昇した。以上のように高齢世代を支える現役世代の負担が非常に重くなって
おり、結果として現役世代が生活を充実させたり子育てを行ったりする経済

表6-2　国民年金と厚生年金の状況の推移

| | 国民年金 | | | | | |
	被保険者数 （万人） 【A】	受給権者数 （万人） 【B】	年金扶養 比率 【A/B】	平均年金 月額 （万円）	実質的な 支出額 （兆円）	保険料 （円）
1999 年度末	7,062	1,977	3.57	5.9		13,300
2004 年度末	7,029	2,355	2.96	5.8	3.6	13,300
2009 年度末	6,786	2,765	2.45	5.8	3.9	14,660
2014 年度末	6,558	3,159	2.08	5.7	3.6	15,250
2019 年度末	6,496	3,435	1.89	5.6	3.2	16,410

| | 厚生年金 | | | | | |
	被保険者数 （万人） 【A】	受給権者数 （万人） 【B】	年金扶養 比率 【A/B】	平均年金 月額 （万円）	実質的な 支出額 （兆円）	保険料率 （％）
1999 年度末	3,775	1,074	3.51	18.6		17.350
2004 年度末	3,713	1,343	2.76	17.9	38.0	13.934
2009 年度末	3,868	1,646	2.35	17.4	44.6	15.704
2014 年度末	4,039	1,825	2.21	16.2	46.9	17.474
2019 年度末	4,488	1,883	2.38	14.9	50.1	18.300

注）1. 国民年金の受給権者数は、老齢基礎年金受給権者数に、旧国民年金法による老齢年金受給権者数、被用者年金制度の 65 歳以上の旧法老齢（退職）年金受給権者数等を加えたものである。
2. 国民年金の実質的な支出は、給付費から基礎年金交付金を控除し基礎年金拠出金を加えた額である。
3. 厚生年金の受給権者数には、旧三公社共済組合および旧農林漁業団体職員共済組合において旧厚生年金に統合される前に発生した退年相当の退職年金（減額退職年金を含む）の受給権者および 2015 年 9 月までに旧共済法により発生した退年相当の退職年金（減額退職年金を含む）の受給権者を含む。
4. 厚生年金の実質的な支出は、給付費から基礎年金交付金、追加費用、職域等費用納付金を控除し、基礎年金拠出金を加えた額である。ここで、厚生年金基金から給付されている代行給付額（年度末の最低責任準備金を算出する際に用いられている額）を加えることで、厚生年金基金が代行している部分を含めた厚生年金制度全体の額を推計している。
5. 2003 年 4 月より厚生年金の保険料に総報酬制が導入された。
出典）厚生労働省「公的年金制度一覧」より作成。

的余裕をなくすことにつながっている。このことはすでに大きな問題といえるが、少子高齢化はますます深刻となるため、この問題もさらに深刻となっていく。その点については4節で扱う。

　2節1）で説明したように年金も保険の一種であるから、被保険者を細か

表 6 - 3　公的年金の被保険者数等の推移

	国民年金の第１号被保険者数（万人）	被保険者数（万人）【A】				受給権者数（万人）【B】				年金扶養比率【A/B】			
		厚生年金	国家公務員共済組合	地方公務員共済組合	私立学校教職員共済	厚生年金	国家公務員共済組合	地方公務員共済組合	私立学校教職員共済	厚生年金	国家公務員共済組合	地方公務員共済組合	私立学校教職員共済
1999年度末	2,118	3,248	111	329	40	858	58	137	6	3.79	1.91	2.4	6.36
2004年度末	2,217	3,249	109	311	44	1,117	63	155	9	2.91	1.73	2.0	5.14
2009年度末	1,985	3,425	104	291	48	1,385	68	182	11	2.47	1.53	1.6	4.32
2014年度末	1,742	3,599	106	283	52	1,542	69	201	13	2.33	1.53	1.41	4.01

注）1999年には、この他に「農林漁業団体職員共済組合（被保険者：47万人、受給権者：15万人、年金扶養比率：3.24）」が存在した。その後、2002年4月1日に厚生年金に統合された。
出典）厚生労働省「公的年金制度一覧」より作成。

く分けて別々の制度で運用することは問題が多い。たとえば、企業ごとに賦課方式の年金が運営されていて、A社の業績が悪くなり人員整理が行われ、その失業者が業績の拡大しているB社に転職したとする。A社は保険料を負担する現役の社員が少なく、年金を受け取る退職した社員が多いため財政的に厳しくなる。一方、B社はその逆となる。しかし、すべての企業の年金が統合して運営されていると、A社の業績悪化後もA社とB社の現役社員数は変化せず、このような問題は起こらない。実際、表6-3のように、国民年金の第1号被保険者数は1999年からの15年間で376万人減少しているが、被用者年金（＝企業や政府などに雇用されている人が加入する公的年金の総称）は同期間に合計で312万人増加している。また、被用者年金の中でも、国家公務員や地方公務員のみが加入していた両共済組合の被保険者数は51万人減少しているが、民間企業の社員のみが加入していた厚生年金は351万人増加している。このような状況の中で、負担と給付の公平性、年金財政の安定化、業務

の効率化のため、**公的年金の一元化**が進められてきた。

　まず1986（昭和61）年に基礎年金制度が創設され、20歳以上の全員が国民年金に加入することとなった。それまでは、企業の社員は厚生年金にのみ加入し、公務員は共済年金にのみ加入するなどして、国民年金に加入するのは自営業者などだけであった。これ以降は、企業の社員も国民年金の被保険者となり、それに上乗せする形（2階部分）で厚生年金にも加入することとなった。

　次に**被用者年金の一元化**も進められ、1997（平成9）年に公共企業体共済組合、2002（平成14）年に農林漁業団体職員共済組合がそれぞれ厚生年金に統合された。そして、2015年（平成27）に国家公務員共済組合と地方公務員共済組合、私立学校教職員共済も厚生年金に統合され、被用者年金が一元化された。

4）私的年金（企業年金・個人年金）制度

　日本には公的年金以外にも、税制上の優遇措置がある私的年金（企業年金または個人年金とも呼ぶ）制度がある。それは、①**国民年金基金制度**、②**厚生年金基金制度**、③**確定給付企業年金制度**（DB）、④**確定拠出年金制度**（DC）である（図6-2）。これらは積立方式となっており、賦課方式の公的年金とは異なり少子高齢化の影響を受けにくい仕組みとなっている。ただし、積立方式は積み立てた保険料を運用して増やし、集めた保険料よりも多い年金額を給付する仕組みであるが、その運用の責任がどのようになっているかで①〜④に違いがある。

　①　国民年金基金制度は、自営業者などの第1号被保険者が国民年金に上乗せする形で加入する制度である。加入は任意で、給付水準や受給期間を選ぶことができ、それらに応じて保険料が異なってくる。予定利率として積立金を運用する利率が事前に決まっており、その利率に基づいた保険料と年金額が事前に確定していることが特徴である。

　②　厚生年金基金制度は、企業が単独または共同で設立した厚生年金基金が厚生年金の一部を代行するとともに、追加の保険料を徴収して独自の上乗

せ給付を行う企業年金である。この制度では事前に決めた予定利率で運用する責任を企業が負っており、実際の運用成績が予定利率を下回って積立金が不足した場合には企業がそれを補填する義務がある。そのため、近年は負担が大きいとして解散する基金が増えており、また現在では新設も認められていない。

　③　確定給付企業年金制度も厚生年金基金と同様に、企業が社員のために設けた私的年金で、積立金を運用する予定利率と年金給付額が事前に確定しており、それらに対する責任を企業が負っている。

　このように①～③はすべて積立金を運用する予定利率を事前に決めることで、給付額を事前に確定させている。しかし、実際には積立金の運用利回りが予定利率を下回る事態が発生しており、運営の維持に困難が発生している。特に企業が設立した②や③では、積立金の不足を企業が補填しなければならないため、企業にとって大きな負担となっている。そこで、年金の給付額を事前には決めておかない確定拠出年金制度に変更する企業が増えている。

　④　確定拠出年金制度には2つの制度があり、そのうち企業型は企業が社員（加入者）のために拠出した掛金を加入者自身が指定した金融商品により運用され、その運用された資金を原資にして年金を受け取る企業年金である。この制度では給付額が事前に約束されていないため積立金が不足するということが起こらず、企業が不足分を補填するという事態も発生しない。しかし、受け取る年金額は運用次第で変動するため、老後の生活資金が不足する場合も起こりうる。

　もう一つの個人型（iDeCo、イデコ）は、被保険者のみが掛金を拠出する制度で、基本的には企業型確定拠出年金のある企業の社員以外であれば誰でも加入できる。当初は第1号被保険者や3階部分のない第2号被保険者のみを対象としており、他の被保険者との制度格差を是正して、希望すればより多くの年金を受け取れるようにするためであった。その後、掛金額の上限を第1号被保険者等よりも低くして加入対象者が拡大された。

3　医療保険と介護保険

1）医療保険の仕組み

　医療保険は、病気やけがの治療の際にその費用の一部が支給される保険の一種で、その原資は加入者が負担する保険料によってまかなわれる。突然の手術などで多額の費用が必要となり、生活が困窮することもありえる。医療保険には、そのような予測できない費用負担を保険料という形で平準化して、一時的な多額の出費を回避する効果がある。

　ただし、ここで問題となるのが加入者個人の状況が異なるという点と、そのことに関する加入者と保険を運営する保険者との間の「情報の非対称性」である。つまり、加入者が健康に問題を抱えていたり仕事の内容が危険を伴うものだったりして、多額の治療費がかかる可能性が高い場合には、医療保険に加入するメリットが大きいといえる。一方で、病気やけがの可能性が低い加入者には、保険料を支払ってまで加入するメリットが低くなり、加入しないことが考えられる。その結果、医療保険に加入する人は多額の治療費がかかる人ばかりとなり、保険料が高騰して医療保険自体の存続が難しくなる。このことは個人にとってのみならず、可能性は低くても病気になった場合には多額の治療費がかかる場合があるという医療サービスの特質を考えると、生活困窮者を生むという点から社会全体としても問題があるといえる。この解決策としては、政府が公的医療保険を運営し、国民全員に加入を義務付ける方法がある。これが、**国民皆保険制度**である。

2）日本の公的医療保険制度

　日本の公的医療保険制度は国民皆保険制度となっているが、加入する医療保険は年齢によって75歳以上の人が加入する**後期高齢者医療制度**と75歳未満の人が加入するそれ以外の制度の2つに大きく分けられる（図6-3）。後期高齢者医療制度では、都道府県ごとに設立された47の広域連合が保険者とし

134

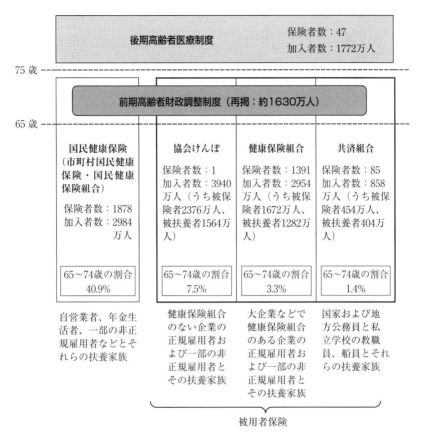

注）国民健康保険の保険者数と加入者数は2019（令和元）年 9 月末、それ以外は同年
　　3 月末の値である。
出典）厚生労働省「我が国の医療保険について」掲載の図を修正。

図 6 - 3　日本の公的医療保険制度

て運営を行っている。75歳未満の人は働き方や勤め先によって加入する制度
（保険者）が異なっており、図 6 - 3 のようにかなり複雑な制度となっている。
さらに、制度によって保険料水準や算定のルールも異なっているため、働き
方などにも大きな影響を及ぼしている。

　大企業などで健康保険組合のある企業の正規雇用者および一部の非正規雇
用者とその扶養家族は、その**健康保険組合**に加入する。また、健康保険組合

のない企業に雇用されている正規雇用者および一部の非正規雇用者とその扶養家族は**協会けんぽ**（全国健康保険協会）に、国家および地方公務員や私立学校の教職員、船員とそれらの扶養家族は**共済組合**に加入する。これらの医療保険を**被用者保険**と呼び、それに該当しない人、つまり自営業者や年金生活者、一部の非正規雇用者などは**国民健康保険**に加入することとなる。ただし、自営業者の中には、大工や医師のように同業の者が設立した国民健康保険組合に加入している場合もある。パートなど非正規雇用の場合には、労働時間や賃金が一定以上であれば被用者保険に加入できる場合もある。また、被用者保険に扶養家族として加入が認められるためには、本人の所得が一定以下でなければならない。このように国民皆保険といっても、75歳未満については様々な医療保険が存在し、働き方や収入、家族関係などによって加入できる医療保険が異なってくる。一方、75歳以上については個人単位の制度となっており、家族の有無や働き方などに関係なく収入が同じであれば（同一都道府県内では）同じ保険料となる。

　保険料は収入などを基に決まるが、算定のルールは加入する保険によって異なる。大きな相違点は、被用者保険が企業などの雇用主と労働者で保険料が折半されるのに対して、後期高齢者医療制度や国民健康保険などでは加入者が保険料の全額を負担するという点である（ただし保険料以外の収入があり、3節3）で説明する）。さらに、被用者保険では、保険料は扶養家族の人数に関係ないが、世帯単位で保険料が決まる国民健康保険では加入する家族の人数によって保険料が異なってくる。たとえば、被用者保険に加入する人の配偶者がパートとして働いていたとする。労働時間を長くして収入が多くなりすぎると自分自身の医療保険に加入する必要が生じる。その場合には、収入が少なく扶養家族として保険料の負担が必要なかった状況と比べて、可処分所得が逆に減ることがある。そのため、国民年金における第3号被保険者の場合と同様に、配偶者を含めた扶養家族が自らの労働供給を減らす要因となっている。

　被保険者やその扶養家族は病院などで診療サービスを受けると、一部負担金（窓口負担）を支払う必要がある。それは、義務教育就学後から69歳まで

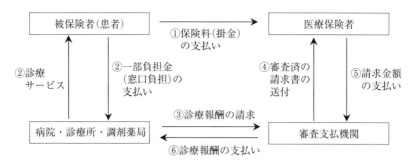

出典）厚生労働省「我が国の医療保険について」掲載の図を修正。

図6-4　保険診療の流れ

の者と70歳以上の現役並み所得者は医療費の3割、それ以外のうち義務教育
就学前と70〜74歳は2割、75歳以上は1割である。ただし、その負担が過重
なものとならないようにするため、1カ月の一部負担金に上限が設けられて
おり、それ以上は負担しなくてもよいようになっている（高額療養費制度）。
病院などは審査支払機関を通して各保険者に残りの医療費を請求し、各保険
者は集めた保険料と国などからの公費負担を財源として支払いを行う（図
6-4）。その結果、2018年度の国民医療費43兆4000億円のうち11.8%の5兆
1000億円が患者の一部負担金、49.4%の21兆4000億円が保険料、残りが公費
負担であった（厚生労働省「我が国の医療保険について」）。

3）公的医療保険制度の課題

　日本の公的医療保険制度の課題は、現在の少子高齢化によって引き起こさ
れている問題と普遍的な問題に分けられる。少子高齢化の影響は4節で説明
し、ここでは普遍的な問題について説明する。

　まずは過剰診療の問題である。公的医療保険制度は、人々が必要な医療サ
ービスを費用面から諦めたりせずに安心して生活できることに貢献してい
る。しかし、一方で費用を気にせずにサービスを需要するため、過剰消費の
問題を引き起こしている。財・サービスは限界費用と限界便益が等しくなる
ように取引されなければ、効率的な取引量とはならない。公的医療保険によ

って、需要量に応じて支払う窓口負担は限界費用よりかなり低くなっており、人々は効率的な取引量を上回る量を需要する。たとえば、軽い胃痛で診療を受けて医師からはCT検査の必要性は低いが念のために行うかといわれた場合に、数万円という検査費用を全額負担するのであれば検査を受けないが、公的医療保険によって数千円で済むのであれば受けるという人も多いだろう。また、医師からしても、患者の窓口負担が小さい場合には高額の検査や薬を勧めやすくなる。しかしながら、このような過剰診療によって増加した医療費は保険料の高騰や政府の財政負担の増加を通じて人々の負担を増加させることになる。

　過剰診療への対応策としては、負担能力は考慮しながら窓口負担を適切に引き上げることで、安易にサービスを需要しようとさせないという方法がある。実際、2014（平成26）年に70歳以上の人の窓口負担が引き上げられた。さらに、利用した医療サービスの量に応じて医療費が決まる現在の制度から、病気ごとに固定した医療費となるようにすれば、医療機関にも必要以上のサービスを提供する誘因がなくなる。そのため、部分的な導入が検討されている。

　次に制度間の財政力の問題である。保険はリスクの高い人ばかりが加入していると保険料が高騰し、加入者の負担能力を超えてしまい制度を維持できなくなる。医療保険の場合には、高齢者ほど平均的な医療費が高くなるため、75歳以上の人だけが加入する後期高齢者医療制度は、単独では維持が困難である。また、国民健康保険も退職した前期高齢者（65〜74歳）が多く加入しているため、被用者保険よりも加入者の医療費が高くなっており、財政的に厳しい状況である。この解決策としては、①異なる保険者間で財政調整を行う、②保険を統合して制度間の加入者の偏りを是正する、という方法がある。

　①　財政調整の現状についてであるが、後期高齢者医療制度は保険給付の財源の50％を国と都道府県、市町村が負担し、40％を国民健康保険や被用者保険からの支援金でまかなっており、加入者（75歳以上）が負担する保険料は残りの10％となっている。また、前期高齢者給付費についても各制度の加入者数に応じた負担となるように、被用者保険から前期高齢者が多い国民健

康保険に対して財政移転が行われている。

　②　保険者の統合についてであるが、国民健康保険はこれまで市町村がその運営を担ってきたが、2018（平成30）年度からは都道府県が財政運営の責任主体となって市町村とともに運営していくことになった。市町村によって前期高齢者の割合が異なっており、保険の仕組みを考えると広域化することは財政を安定化させることになる。ただし、これは完全な統合とはいえず、同じ都道府県内でも市町村ごとに異なっている保険料水準の統一化など、より一層の都道府県単位への広域化が課題となっている。

4）日本の公的介護保険制度

　介護保険は医療保険の一種で、介護が必要になった際に介護サービスにかかる費用の一部が支給されるものである。日本の公的介護保険制度は、各市町村が保険者として運営を行っており、65歳以上の人と40〜64歳で医療保険の加入者に加入の義務があり、前者を第 1 号被保険者、後者を第 2 号被保険者と呼ぶ。介護サービスを利用した場合には、費用の 1 〜 3 割を被保険者が所得に応じて負担し、残りを介護保険給付として介護保険者が負担する。介護保険給付の財源は、50%が第 1 号・第 2 号保険者の保険料、50%が国と都道府県、市町村の負担となっている。

　第 1 号被保険者は市町村が介護保険料を徴収し、理由を問わず介護が必要になった場合に介護保険サービスを受けることができる。一方、第 2 号被保険者は加入する医療保険者が医療保険の保険料と一緒に介護保険料を徴収し、加齢に起因する疾病で介護が必要になった場合にのみ介護保険サービスを受けることができる。

　被用者保険の被保険者の扶養家族で40〜64歳の人の場合には、その人の介護保険料を支払う必要はない。しかし、国民健康保険では世帯内の40〜64歳の人数分だけ保険料を支払う必要がある。たとえば、45歳の無職の人で、協会けんぽに加入している配偶者に扶養されていた場合には、その人の介護保険料は支払う必要がない。しかし、同じ状況の人で配偶者が国民健康保険に加入していた場合には、その人の介護保険料も支払う必要がある。このよう

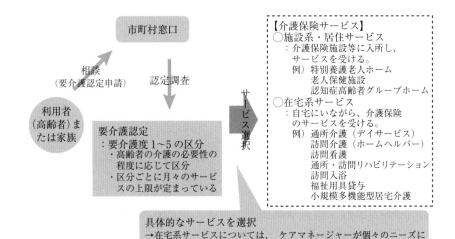

市町村窓口

相談
(要介護認定申請)

認定調査

利用者
(高齢者)ま
たは家族

要介護認定
：要介護度1～5の区分
・高齢者の介護の必要性の
　程度に応じて区分
・区分ごとに月々のサービ
　スの上限が定まっている

サービス選択

【介護保険サービス】
○施設系・居住サービス
：介護保険施設等に入所し、
　サービスを受ける。
　例）特別養護老人ホーム
　　　老人保健施設
　　　認知症高齢者グループホーム
○在宅系サービス
：自宅にいながら、介護保険
　のサービスを受ける。
　例）通所介護（デイサービス）
　　　訪問介護（ホームヘルパー）
　　　訪問看護
　　　通所・訪問リハビリテーション
　　　訪問入浴
　　　福祉用具貸与
　　　小規模多機能型居宅介護

具体的なサービスを選択
→在宅系サービスについては、ケアマネージャーが個々のニーズに
　応じてサービスを組み合わせてケアプランを作成

出典）厚生労働省「介護保険制度の概要」p.8。

図6-5　介護保険制度利用の流れ

に介護保険についても、40～64歳の人に関しては年金や医療保険と同様に働き方や家族関係によって保険料の負担に違いが生じている。

　介護保険を利用するためには、介護を必要とする人やその家族が市町村に要介護認定の申請を行う必要がある（図6-5）。そして、介護の必要性の程度に応じて要介護度1～5の要介護認定が行われ、要介護度ごとに設定された1カ月のサービスの上限の範囲内で介護保険サービスを選択する。介護保険サービスは、特別養護老人ホームへの入所などの施設系・居住系サービスと、デイサービスやホームヘルパーなどの在宅系サービスに大きく分けられる。

4　少子高齢化と財政

1）少子高齢化の進展

　生産年齢人口（15～64歳の人口）と従属人口（15歳未満と65歳以上の人口）との比率である従属人口比率が低下している状態を**人口ボーナス**、逆に増加して

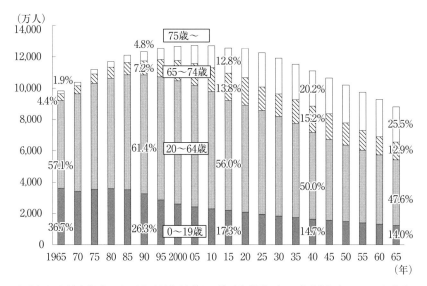

（万人）

出典）国立社会保障・人口問題研究所「人口統計資料集（2021年版）」表 2 − 9 より作成。

図 6 − 6　日本の年齢（4区分）別人口の推移と将来推計

　いる状態を**人口オーナス**と呼ぶ。日本は、1960年頃から1990年頃までは人口
ボーナス期であったが、その後は人口オーナス期になっている。人口ボーナ
ス期には労働力人口となりうる生産年齢人口の割合が増加しており、これが
日本の高度経済成長の要因の一つであった。それに対して人口オーナス期に
は生産年齢人口の割合が低下するため、供給面からは経済成長にとってマイ
ナスといえる。

　図 6 − 6 は、1965年から2015年までの 5 年ごとの年齢 4 区分（ 0 〜19歳、20
〜64歳、65〜74歳、75歳以上）別人口と2065年までの将来推計人口のグラフであ
る。1965年には65〜74歳と75歳以上の総人口に占める割合は4.4％と1.9％であ
ったのが、2015年には13.8％（1965年の割合の3.1倍）と12.8％（同6.7倍）となり、
今後は2040年に15.2％（同3.5倍）と20.2％（同10.6倍）になると予想されている。
その後は65〜74歳の割合は2065年に12.9％（同2.9倍）と低下するが、75歳以上
の割合は25.5％（同13.4倍）まで上昇すると推計されている。この図が示すよ
うに、日本では今後も少子高齢化が進むと考えられる。

少子高齢化は経済成長など社会の様々な面に影響を与えているが、社会保障に対しても大きな影響があり、①年金等の現役世代の負担の増加、②政府の財政負担の増加、が課題となっている。

2) 現役世代の負担の増加

　1人の年金受給権者を、保険料を負担する現役世代（被保険者）何人で支えているかを表す指標を、年金扶養比率という。日本の公的年金は賦課方式を採用しているため、少子高齢化の進展によって年金扶養比率は年々低下している。今後も、年金給付水準を維持するならば現役世代の負担は重くなっていくことが避けられない。現在でも厚生年金の保険料率は労使合わせて18.3%と高く、多くの人にとっては税負担よりも重い状況となっており、これ以上の現役世代への負担増は大きな問題といえる。

　公的医療保険や公的介護保険も、年金と同様に少子高齢化によって現役世代の負担が増加する。ただし原因は年金とは異なり、高齢者ほど医療費が高くなるからである。表6-4が示すように、65歳未満の1人あたり医療費は18万8000円であったのに対して、65〜74歳はその3倍の55万5000円、75歳以上は同4.9倍の91万9000円であった。介護費についても、65〜74歳の1人あたり介護費は4万9000円であったのに対して、75歳以上はその9.6倍の47万円であった。このように医療費や介護費が高い高齢者、特に75歳以上の人の割合が高くなると、1人あたり医療費や介護費も上昇することになる。

表6-4　1人あたり医療費と介護費

（単位：万円）

	医療（2018年）		介護（2018年）	
	1人あたり 国民医療費	1人あたり 国庫負担	1人あたり 介護費	1人あたり 国庫負担
〜64歳	18.8	2.7	−	−
65〜74歳	55.5	8.0	4.9	1.3
75歳〜	91.9	32.8	47.0	12.8

注）1人あたり国民医療費は、年齢階級別の国民医療費を人口で除して機械的に算出。1人あたり国庫負担は、それぞれの年齢階層の国庫負担額を2018年時点の人口で除すなどにより機械的に算出。
出典）財務省「日本の財政関係資料」令和3年10月版 p.28 掲載の表を修正。

　そこで公的年金については、①国民年金の国庫負担を3分の1から2分の1に引き上げ、②積立金の計画的な取り崩し、③マクロ経済スライドによる年金給付水準の引き下げといった改革によって、2017年度以降の国民年金と厚生年金の保険料は固定され、現役世代の負担がこれ以上増えないようになった。また、2節3）で説明した被用者年金の一元化によって、年金扶養比率の被用者保険間の格差が解消され、年金扶養比率の低い被用者年金の持続可能性が確保（＝負担急増が抑制）されることとなった。

　上記のような公的年金における対応と異なり、公的医療保険では高額療養費制度や一部負担金の割合を見直して所得の高い一部の高齢者の負担を引き上げただけで、抜本的な対応とはなっていない。

3）政府の財政負担の増加

　日本の公的年金や公的医療保険、公的介護保険は社会保険方式であるから、本来は保険料のみが財源であるはずだが、現役世代の負担軽減や制度間の格差緩和の観点から、国や都道府県、市町村による公費負担が行われている。まず国民年金では、その基礎年金給付費の2分の1が国による公費負担でまかなわれている。次に国民健康保険では、給付費（＝医療費から一部負担金を除いた額）の50％と所得状況に応じた保険料軽減分が公費負担となっている。さらに、市町村によってはこれ以外にも保険料の引き上げを抑制するために一般会計から繰入れ（法定外繰入れ）を行っている場合がある。それ以外の医療保険でも、後期高齢者医療制度で給付費の約50％や協会けんぽで同16.4％などの公費負担が行われている。その結果、医療保険全体では2018（平成30）年度の国民医療費の25.3％を国、12.9％を都道府県および市町村が負担しており、合計で38.1％が公費負担となっている（厚生労働省「我が国の医療保険について」）。最後に介護保険であるが、これも給付費の50％が公費負担となっており、2020（令和2）年度予算では国が2兆7000億円、都道府県が1兆6000億円、市町村が1兆4000億円の合計5兆7000億円を負担している（厚生労働省「介護保険制度の概要」）。

　図6-7は1999〜2019年度の公的年金と公的医療保険、公的介護保険に対

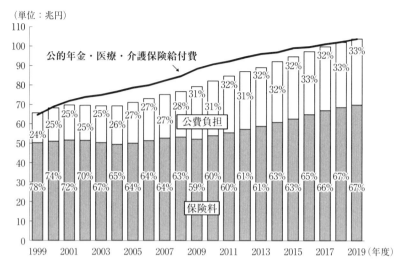

（単位：兆円）

注）公的年金・医療・介護保険給付費は、全国健康保険協会管掌健康保険、組合管掌健康保険、国民健康保険、後期高齢者医療制度、老人保健、介護保険、厚生年金保険、厚生年金基金、石炭鉱業年金基金、国民年金、国民年金基金、農業者年金基金、船員保険、農林漁業団体職員共済組合、日本私立学校振興・共済事業団、国家公務員共済組合、地方公務員等共済組合のそれぞれの社会保障給付費と事務管理費の合計である。保険料と公費負担も同様である。

出典）財務省「日本の財政関係資料」令和3年10月版 p.27 の図を参考にして、国立社会保障・人口問題研究所「令和元年度　社会保障費用統計」より作成。

図6-7　公的年金・医療・介護保険給付費とその負担割合の推移

する保険料収入および公費負担の推移のグラフである。1999（平成11）年には給付費の78%が保険料でまかなわれていたが、2019（令和元）年には67%へと11ポイント低下した。それを補うように公費負担の割合は同期間に24%から33%へ9ポイント上昇した。なお、給付費には積立金の取り崩しや資産収入など他の収入と積立金への繰入れといった他の支出があるため、保険料と公費負担の合計とは一致しない。このグラフからもわかるように公的年金等への公費負担の金額は年々増加している。これは高齢化の進展による給付費の増加によって、その一定割合を公費負担するという制度のためでもあるが、給付費に対する割合も増加（逆に保険料の割合は減少）しており、それだけが原因ではない。国民健康保険の法定外繰入れなど保険料負担を抑制するた

めに公費負担がその肩代わりを行っていることも一因である。

　図6-6のようにこれからも少子高齢化が進むと考えられるため、公的年金や医療、介護保険に対する公費負担は増加する可能性が高い。そのため、今後さらに公的年金の給付水準を引き下げたり、公的医療や介護保険における一部負担金の割合を引き上げたりすることも選択肢として考慮せざるを得ない。一方で、公的年金への国民の信頼を高め、現役世代が現在の社会保険制度で安心した老後を迎えられると考えるようにすることも重要である。たとえば年金保険料の未納問題の一因として公的年金への不信感がある。未納者は十分な年金給付を受けられないため、高齢になったときに生活に困窮する可能性が高い。そうなると、1節2）で説明したように徐々に下がってきていた高齢者世帯に占める生活保護の被保護世帯の割合が上昇し、政府の財政負担が増加する可能性もある。それを防ぐためには、現役世代が保険料を負担してくれる必要があるから、制度への信頼を醸成することが重要となる。

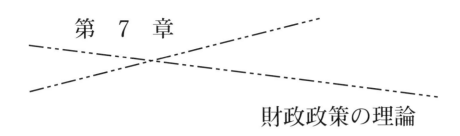

第 7 章

財政政策の理論

1 政府の目的

　本章は、政府が実施する経済政策の柱のうち、財政政策について観察する。財政政策にはどのような手段があり、それが私たちにどのような影響を与えるのかについて考えてみたい。本章の多くはマクロ経済学に依拠するため、余力のある読者はマクロ経済学のテキストも参照するとより理解が深まるだろう。また、数学的展開も少なからず出てくる。（頑張って読みこなして欲しいが）数学が苦手な読者はその意味するところを自分なりに理解するようチャレンジして欲しい。

　財政政策は主に国が歳入や歳出を通じて経済に影響を与える政策のことを指す。読者の中には「公共事業を通じて景気浮揚を目指す」などの文言を新聞やニュースで目にしたことがあるかもしれない。これは財政政策の一つの手段と目標を表している。では、景気が浮揚する、もしくは回復すると私たちにどのような影響があるのだろうか。もちろん、直感的に景気は悪いよりもよい方がよいというのは間違っていない。だが、景気がよくなることで具体的に私たちの何がよくなるのだろうか。言い換えれば、政府は何のために景気をよくするのだろうか。そのあたりから考えてみよう。

　政府の目的を表す言葉の一つとして、**経世済民**という言葉がある。これは簡単にいえば国民を豊かにするということを意味している。経済学、特にマクロ経済学の文脈では、政府の目的は国民を豊かにすることである。では、国民（私たち）はどうしたら豊かだと感じられるだろうか。没頭できる趣味があることや親しい友人がいること、また愛すべき恋人や家族がいることな

どからも豊かさを感じることができるだろう。しかし、政府が国民に趣味を斡旋したり、友人や恋人を紹介したりすることはないだろう（厳密にいえば、婚活や結婚支援を実施している地方自治体はあるが）。政府、特に国が国民を豊かにするといった場合、それは所得を増加させることを指している。それでは、政府が所得を増加させる方法に触れてみよう。

2　乗数効果と45度線分析

1）乗 数 効 果

　これから考える経済の世界は閉鎖経済かつ短期の経済である。閉鎖経済とは外国との取引を行っていないことを想定した経済のことである。また、短期の経済とは価格や賃金が固定されていたり、生産水準が速やかに調整されたりする経済のことである。これらはやや現実離れした想定と感じる読者がいるかもしれない。本章がそういった前提で進めるのは、内容の簡単化のためである。はじめから（様々な要素を考慮した）複雑な内容を紹介していたずらに混乱を招くより、簡単化したとしても本質に触れた方が、理解が深まると考えるためである。本章では扱わないが、もちろん外国との取引を考慮したり、価格や賃金などが変化したりする（伸縮的であるという）ことを想定した考え方は存在する。そういったより現実的な世界の経済状況（モデルというが）に興味がある読者はぜひマクロ経済学のテキストを読むことにチャレンジして欲しい。

　いずれにせよ、本章では閉鎖経済かつ短期の経済をスタート地点として政府が所得を増やす方法について触れる。閉鎖経済であるから、外国との取引が行われていない。一方で、物価や賃金が変動しないとはどういう意味だろうか。これは、この経済ではインフレーション（inflation, 以下ではインフレと表記しよう）が発生しないということを意味している。したがって、マクロ経済学で注意しなければならなかった名目と実質を区別する必要がなくなる（厳密にいえば、名目と実質が同じということである）。

　さて、唐突ではあるが、家計や企業の支出である消費（Cと表すとしよう。以下、同じである）はどのように決定するか覚えているだろうか。家計は総所得（Y）から租税（T）を引いた可処分所得によって消費（C）を決定する。このとき、**消費関数**は、7-1式のような関係を示す。

$$C = c(Y-T) + C_0 \qquad （7-1式）$$

　7-1式の右辺の式にあるC_0は所得に関係なく行われる消費を意味し、基礎消費といわれる。そして、$Y-T$の前にあるcは限界消費性向を表している。経済学で「限界」という言葉の意味が「追加的」を意味することを思い出せば、限界消費性向は可処分所得が増加したときに、そのうちのどれくらいが消費に回るかを表す割合、ということがわかる。可処分所得の増加以上に消費が増加することはできないと考えれば、限界消費性向は0から1の間の値をとることがわかる。

　次に消費以外の支出（これ以降ではEと表そう）に目を向けてみよう。経済の三主体で家計以外の主体である企業と政府はそれぞれ、投資と政府支出という支出を行っている。したがって、これらすべての支出（E）を合計すれば、社会全体の支出が計れる（7-2式）。さらに、7-1式の消費関数を7-2式のCに代入すれば、7-3式のように書き換えることができる。

$$E = C + I + G \qquad （7-2式）$$
$$E = c(Y-T) + C_0 + I + G \qquad （7-3式）$$

　ここで、**生産・分配（所得）・支出の三面等価**を思い出そう。これはその名の通り、生産と分配（所得）と支出が等しくなるという原則であった。すなわち、先ほど消費関数で利用した総所得（Y）と7-2式や7-3式で出てきた支出（E）は等しくなる。これを利用すると、7-3式は7-4式のようになる。

$$Y = c(Y-T) + C_0 + I + G \qquad （7-4式）$$

　7-4式は左辺と右辺に所得（Y）がある。そこで、この式を整理してYを左辺にもってくると7-5式が現れる（一度式変形をすることをお勧めするが、文字式の計算が苦手な読者は変形後の式に注目しよう）。

$$Y = \frac{1}{1-c}(C_0 - cT + I + G) \qquad （7-5式）$$

この 7 - 5 式の右辺にある $\frac{1}{1-c}$ は**乗数**と呼ばれ、租税（T）や政府支出（G）が変化したときに所得（Y）が受ける影響を考える際に非常に重要になるものである。乗数の c は限界消費性向であり、0 から 1 の間の値をとるものであった。たとえば、限界消費性向が0.8だったとすると（可処分所得の増加のうち8割が消費に向けられた状況を意味する）、乗数は $\frac{1}{1-0.8}=5$ となる。

さて、7 - 5 式の状態から、基礎消費（C_0）、租税（T）、投資（I）が変化せず、政府支出（G）だけが増加したとしよう。政府支出（G）だけが変化したので、式を簡単にするためにそれ以外の部分はひとまず無視しておこう。また、変化を表す記号として Δ（デルタと読む）を利用しよう。政府支出が増加（これを ΔG と表そう）すれば、7 - 5 式にのっとり所得も何らかの変化が起きるだろう。この所得（Y）の変化を ΔY と表せば、7 - 6 式の関係を導き出すことができる。

$$\Delta Y=\frac{1}{1-c}\Delta G \qquad （7 - 6 式）$$

7 - 6 式は、政府支出が増加すると、その乗数倍だけ所得が増加することを意味している。これが意味することは所得の増加を目的とする政府にとって大変興味深いものである。たとえば、政府が所得を増やすことを目的として 1 兆円だけ政府支出を増加したとする。このとき、もし限界消費性向が0.8であるならば、乗数を通じて 5 兆円も所得が増えるのである（$\Delta Y=\frac{1}{1-0.8}$ × 1 兆円 = 5 兆円）。つまり、政府支出（G）の増加は増加分以上に所得（Y）を増加させるのである。

ところで、政府は政府支出の増加以外にも所得を増やす手段をもっている。もう一度、7 - 5 式を観察してみよう。政府が自らの意思で操作できるものとして、7 - 5 式には租税（T）がある。政府は減税をすることで所得（Y）を増やすことが可能である。次に減税の効果を見てみよう。政府支出（G）のときと同じように、それ以外は変化せずに、租税（T）だけが変化するとしよう。すると、租税の変化と所得の変化の関係は、7 - 7 式のように表すことができる。

$$\Delta Y = \frac{1}{1-c}(-c\Delta T) \qquad\qquad (7-7式)$$

　7-7式で注意して欲しいのは、7-6式と異なり、$\frac{1}{1-c}$ の 後 ろ の カ ッ コ 内 に $-c$ が つ い て い る と こ ろ で あ る。これは、租税（T）が増加すると所得が減少することを意味している。租税の増加、すなわち政府が増税をすると所得が減少するということである。

　このことを踏まえて、いま、政府が1兆円の減税（$\Delta T = -1$兆円）を実施したとしよう。日本でもこれまで幾度となく減税は行われてきたので、イメージしやすい読者もいるだろう。限界消費性向が先ほどと同じく0.8だったとすると、1兆円の減税による所得の増加は4兆円ということになる（$\Delta Y = \frac{1}{1-0.8}(-0.8 \times -1兆円) = 4兆円$）。政府支出（$G$）の増加と減税の所得に与える影響を比べてみると、なかなか興味深いことがうかがえる。同じ金額を操作しようとした場合、減税をするよりも政府支出（G）を増加させた方が所得の増加が多いのである。つまり、もし政府が政府支出（G）か減税かのどちらかしか政策として選択できないときは、政府支出（G）の増加を選択した方が所得を増加させる効果は大きいのである。日本では政府支出を増加して公共事業を実施することを過去に繰り返してきたが、その理由の一つが減税に比べて効果が大きいという点であることが乗数からも説明できる（もっとも、現実にはどちらかしか選択できないということはほとんどなく、所得を増加させるときは両者を同時に実施することが多々あるが）。

　効果の大小はあるとはいえ、いずれにせよ所得は政府が実施した金額以上に増加するのである。

2）45度線分析

　今度は、乗数の効果についてグラフを用いて観察してみよう。すでに私たちは式を用いて結論を知っているが、「目で見て確認する」ことは重要である（ただ、すでに結論を得ているので、グラフが苦手な読者は読み飛ばしても問題はない）。

　縦軸に支出（E）、横軸に所得（Y）をとり、7-5式を描いてみると、図

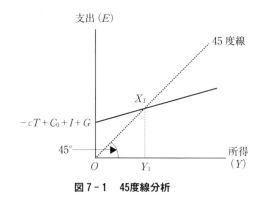

図7-1　45度線分析

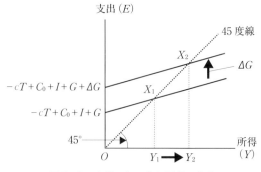

図7-2　直線のシフトと所得の変化

7-1にあるような縦軸とぶつかる切片が$-cT+C_0+I+G$、傾きがcとなるような直線が描かれる。ここで、支出（E）と所得（Y）が等しくなることを確認するためには原点から45度の直線を引いてみればよい。先に引いた直線といま引いた45度線はX_1点で交わっている。そして、交点から横軸にぶつかるように垂直な線を引き、その点をY_1としよう。ここで、グラフの中にある、三角形OX_1Y_1に着目して欲しい。この三角形は直角二等辺三角形であるため、OY_1とX_1Y_1の長さが等しい。ここから、2つの直線が交わるX_1点で支出（E）と所得（Y）が等しくなっていることが確認できる。

　ここで、政府が政府支出をΔGだけ増加させたとしよう（図7-2）。政府支出（G）の増加により、傾きは変わらないが切片がΔGだけ増加する。したがって、増加分だけ直線が上方にシフト（移動）する。すると、この新しい直線と45度線が交わる点はX_1からX_2に移り、そこから垂直に下ろした直線と横軸がぶつかる点もY_1からY_2へと右にシフトする。この直線の上方へのシフトと所得の増加が先ほど数式で解いた政府支出（G）の増加による所得（Y）の増加である。

　最後に、Y_1やY_2のように45度線と交わった点で達成される所得は、所得

と支出がちょうど均衡した状態で達成される所得であることから、**均衡国民所得**と呼ばれる。

3　*IS*曲線と*LM*曲線

1）財市場の均衡を表す*IS*曲線

　45度線を導入することで均衡国民所得を導き出すことに成功した。しかし、私たちは消費（C）を関数の形に変えただけで、投資（I）に関しては何ら手を付けていない。より現実的な姿を描き出すために、次は投資（I）の部分も関数の形に変えて、均衡国民所得の水準を観察してみよう。

　新しい工場の建設や機械の導入など、生産設備への支出である投資（I）を企業が行う場合、多くは金融機関などから借り入れを行う。この場合、企業が注意を払うのは返済金額に関係する利子率（r）である。利子率が高い場合、返済額が大きく膨らんでしまうので企業は借り入れを手控えるかもしれない。逆に、利子率が低い場合は、積極的に借り入れを行おうとするかもしれない。ここから、利子率（r）の上昇は投資（I）を減少させるように作用すると考えられる。これを踏まえて**投資関数**を設定すると、7−8式のようになる。

$$I = I_0 - dr \qquad （7-8式）$$

　7−8式の中で、右辺の左側にある I_0 は利子率にかかわらず行われる投資で、独立投資と呼ばれる。d は投資が利子率に対してどの程度反応するかを表す金利（もしくは利子）感応度である。この値が大きければ大きいほど、投資（I）が利子率（r）に敏感に反応する。

　さて、消費に続き、投資についても関数の形を特定できたので、これを7−4式に代入すると7−9式のようになり、整理すれば7−10式が導き出される。

$$Y = C_0 + cY - cT + I_0 - dr + G \qquad （7-9式）$$

$$Y = \frac{1}{1-c}(C_0 - cT + I_0 - dr + G) \qquad （7-10式）$$

　導き出された式の所得（Y）と利子率（r）の関係に注目してみよう。利子率（r）の符号はマイナスであるため、利子率（r）が上昇すると所得（Y）が減少すると解釈できる。この関係をもとに、所得（Y）と利子率（r）の関係を描いた曲線は **IS曲線** と呼ばれ、右下がりの曲線となる（図7-3）。

　IS曲線は7-10式を変形し、左側を r の形で表したものである。図7-3から利子率（r）と所得（Y）の関係が観察できる。たとえば、現在の利子率（r）の水準が r_1 で、所得の水準が Y_1 だとしよう。ここで利子率（r）が r_2 まで下落したとすると、所得（Y）は Y_2 まで増加する。図7-3から観察できることは、政府が所得（Y）を増加させたいと考えるならば、利子率（r）を下げればよい、ということである。日本でも1990年代のバブル経済の崩壊後、利子率（r）は下がり続け、2021（令和3）年時点では一部ではマイナスの利子率が適用されている（ただし、マイナス金利が適用されているのは私たち家計が借り入れを行うようなときではない。利子率に関して興味をもった読者は金融論などのテキストを読んでみよう）。

　さて、図7-3はIS曲線がその場にとどまっているときの利子率（r）と所得（Y）の関係である。図7-3から、私たちは利子率（r）を下げれば所得（Y）を増加させられることを知ることができた。ところで、現実には多くの国で利子率（r）を決定するのは中央銀行と呼ばれるところである。たとえば、日本の中央銀行は日本銀行であり、アメリカの場合はFRBである（FRBとはFederal Reserve Boardの略称で、連邦準備制度理事会と訳される。アメリカの場合、日本銀行のように中央銀行が一つではなく、主要都市に散在している。それらが会合を開いて利子率などを決定している）。そして、多くの国ではこれらの中央銀行は政府から独立して

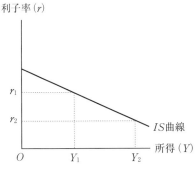

図7-3　IS曲線と利子率、所得の関係

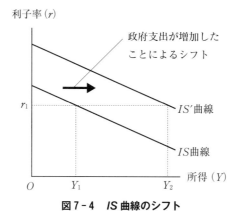

図7-4　*IS*曲線のシフト

（干渉されることなく）政策を決定する権限をもっている。したがって、政府は図7-3に基づいて利子率（r）を下げれば所得（Y）を増加させられることを知っているが、それを実行することができないのである。

　そこで、政府は「利子率（r）を下げる」のではなく、別の方法で所得（Y）を増加させることを考える。勘の鋭い読者はすでに察しがついているかもしれないが、政府支出（G）を増加させればよい。

　政府支出を増加させた（ΔG）ことで、*IS*曲線は右にシフトする（図7-4）。新しい*IS*曲線を*IS'*曲線とすると、利子率（r）を変化させずに所得（Y）を増加させられることが観察できる。すなわち、*IS*曲線のシフト前に利子率（r）と所得（Y）がそれぞれr_1とY_1であるとしよう。ここで、曲線が*IS'*にシフトしたとすると、利子率の水準がr_1のままでも所得はY_2まで増加する。曲線をシフトさせれば所得（Y）を増加させられるという事実は政府にとって魅力的に映るかもしれない。先ほど触れたように利子率の決定は中央銀行の手に委ねられており、政府の手中にはない。しかし、それを操作することなく、所得（Y）を増加させることができる。しかも、政府支出（G）は文字通り政府の支出であるため、その増減を阻むものはいない。国であれば毎年度、（財源をどうやって調達するかという問題は別として）予算を膨張させれば、それだけで政府支出は増加する。国の予算が毎年度のように過去最

高を更新する理由の一端がうかがえるだろう（もちろん、それが正しい行動か否かは別問題である）。

　ところで、ここまで当然のように IS 曲線という用語を使用してきた。そのため、この言い回しに違和感を覚えてきた読者がいるかもしれない。ここで、改めて「IS 曲線」という用語を定義しておこう。

　IS 曲線とは、投資（Investment）と貯蓄（Saving）の頭文字をとった用語である。しかし、これまでの流れの中であまり貯蓄には触れていない。それにもかかわらず、なぜ IS 曲線なのだろうか。

　一般的に私たち家計であれ、企業であれ、所得（Y）を得たときすべてを消費（C）するのではなく、一部を貯蓄（S）にまわす。また、好むと好まざると様々な租税（T）を支払わなければならない。したがって、所得（Y）は、7‐11式のように表すことができるだろう。

$$Y = C + S + T \qquad （7‐11式）$$

　次に、私たちがこれまで見てきたように、所得（Y）は消費（C）、投資（I）、そして政府支出（G）の合計によって構成される（7‐12式）。

$$Y = C + I + G \qquad （7‐12式）$$

　7‐11式と 7‐12式を見比べてみよう。7‐11式の右辺は所得をどう使うかということを意味しており、総供給を表す。一方で、7‐12式の右辺は支出の構成要素を表すため、総需要を表す。45度線分析で見たように、総需要と総供給が等しいときに所得が決定する。したがって、7‐11式と 7‐12式のそれぞれの右辺が等しくなるように見比べてみると、投資（I）と貯蓄（S）が等しくなる必要があることがわかる。こうして、投資（I）と貯蓄（S）が等しくなるように総需要と総供給を考える手法を IS バランスといい、そこから 7‐10式を導き出したのが IS 曲線である。つまり、IS 曲線とは、総需要と総供給が等しくなるような利子率（r）と所得（Y）の関係を表す曲線である。

　ここまで見てきた総需要と総供給は所得（Y）が財やサービスの取引にどう使われるかを表している。そのため、IS 曲線は**財市場**の均衡を表している。

　さて、いままで見てきたように、ここまでは財やサービスの取引を行う財市場の均衡を中心に観察してきたことになる。次に、利子率（r）を決定するもう一つの重要な市場である**貨幣市場**の均衡について観察しよう。

2)　貨幣市場の均衡を表す*LM*曲線

　財市場と同じように、貨幣市場も需要と供給によって均衡が決定する。貨幣市場の均衡は文字通り、貨幣への需要である貨幣需要（Liquidity demand, 以降はLで表記しよう）と貨幣供給（Money supply, 以降はMで表記しよう）によって決定する。そして、貨幣市場の均衡を表す曲線が***LM*曲線**である（貨幣とは何か、という点について興味をもった読者は金融論のテキストなどを読んでみよう）。

　貨幣市場の均衡を導き出すために、まず貨幣需要（L）から観察しよう。貨幣需要（L）は**取引需要**と**資産需要**から成り立っている。取引需要は、取引に対してどれくらい貨幣が必要か（貨幣を需要しているか）、ということを意味する。取引に必要な貨幣に着目するため、物価（Price, 以降はPで表そう）が重要なカギとなることは思い浮かぶだろう。つまり、物価（P）が高ければ高いほど取引に多くの貨幣が必要となり、逆に、低ければ低いほど必要となる貨幣は少なくなる。また、所得（Y）が多く、取引が活発に行われるほど必要な貨幣は多くなると想像できる。

　次に、資産需要について観察してみよう。資産需要は、貨幣を資産とみなし、それを所有するか、それとも別の形で所有するか、ということを意味する。きわめて平たくいえば、貨幣の形とそれ以外の形のどちらで所有する方が得かということを意味し、別の言い方をすれば、貨幣を保有するためのコストである。では、資産需要を決定するのは何だろうか。答えは利子率（r）である。注意して欲しいのは、ここでの利子率は名目利子率（以降はiと表記しよう）である。たとえば、ある人が名目利子率（i）で預金をしているとしよう。この人が預金を引き下ろし貨幣を手元に保有すれば、預けておけば受け取れるはずの利子を失うことになる。もし名目利子率（i）が高ければ、失う利子も多くなる。したがって、名目利子率（i）が高い状態は貨幣保有のコストを高めるため、貨幣需要を減らすことにつながる。

一方の貨幣供給（M）は中央銀行によって管理されており、そこから供給される貨幣供給は名目貨幣供給と呼ばれる。

　では、ここまでを踏まえた上で、貨幣市場が均衡する貨幣需要と貨幣供給を定式化してみよう。すると、7-13式が導き出せる。

$$\frac{M}{P} = mY - ni \qquad\qquad （7\text{-}13式）$$

　7-13式の左辺は、貨幣供給を表している。物価（P）で割ることで、名目貨幣供給ではなく実質貨幣供給を表している（名目と実質の違いについては、経済学やマクロ経済学のテキストを紐解いてみよう）。一方、右辺は貨幣需要を表している。mYは、所得（Y）に依存した貨幣需要を表しており、mは貨幣需要の所得弾力性を表している。所得弾力性とは、所得にどれだけ反応するかを表す割合である。そして、$-ni$は、名目利子率（i）の上昇が貨幣需要を減らす資産需要の効果を表している。nは貨幣需要の利子弾力性を表す。利子弾力性は所得弾力性と同じように、利子にどれだけ反応するかを表す割合である。そして、mとnは正の値をとる。

　さて、この7-13式から所得（Y）と名目利子率（i）の間にどのような関係があるかグラフを利用して観察してみよう。

　7-13式を変形し、左辺に名目利子率（i）、それ以外を右辺にもってくれば、IS曲線と同じように縦軸に名目利子率（i）、横軸に所得（Y）をとったグラフを図示できる（式変形は練習も兼ねて読者の皆さんに導き出してもらいたい）。

このグラフがLM曲線である（図7-5）。

　LM曲線の傾きは図7-5にあるように右上がりである。式変形をするとわかるが、所得（Y）には$\frac{m}{n}$が付く。先ほど述べたように、mとnは正の値をとるため、$\frac{m}{n}$は正の値になる。したがって、LM曲線は右

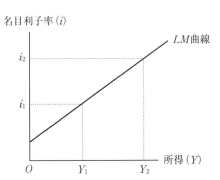

図7-5　*LM* 曲線と名目利子率、所得の関係

上がりのグラフとなる。ここ
から、貨幣市場における名目
利子率（i）と所得（Y）の関係
について観察してみよう。い
ま、名目利子率（i）がi_1にあ
り、そのときの所得（Y）がY_1
にあったとしよう。ここか
ら、名目利子率（i）がi_2まで
上昇すると、グラフから所得
（Y）はY_2まで増加することが

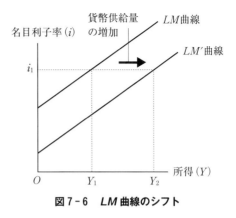

図 7‑6　*LM* 曲線のシフト

わかる。つまり、名目利子率（i）を上昇させれば所得（Y）は増加するので
ある。

　この関係は同一曲線上での名目利子率（i）と所得（Y）の関係である。と
ころで、貨幣を供給する中央銀行は必要に応じて貨幣供給量を増減させるこ
とができる。ちょうど *IS* 曲線を政府支出の増減によってシフトさせること
ができるのと同じようなことである。そこで、中央銀行が貨幣供給量を増加
させたとしよう。すると、貨幣供給量の増加に呼応するように *LM* 曲線は
右にシフトする（図 7‑6）。

　LM 曲線がシフトして *LM* 曲線から *LM′* 曲線に移ったとしよう。すると、
同じ利子率の水準（i_1）にもかかわらず、所得（Y）はY_1からY_2へと増加す
る。所得（Y）の増加を狙った貨幣供給量の増加は現在（2021〔令和 3〕年）日
本で実施されている政策を表している。すなわち、日本銀行は市場に出回っ
ている公債を買い入れ、その分、市場に出回る貨幣量を増やし続けている。
現在行われているこうした貨幣供給量を増加させる政策は、質的・量的金融
緩和と呼称されている。

　さて、ここまでで私たちは 2 つの市場における利子率（r、貨幣市場では名目
利子率i）と所得（Y）の関係を観察することができた。そして、それぞれの
曲線がシフトしたときに所得（Y）がどのような影響を受けるのかについて
も知ることができた。ところで、いまさらであるがこの 2 つの曲線はいずれ

も縦軸に利子率、横軸に所得をとっている。ということは、2つの曲線を同一の平面に描くことはできるだろうか。そして、そのときに何が観察できるだろうか。最後に IS 曲線と LM 曲線を同一平面上に描いた **IS-LM 分析**と呼ばれるものを観察してみよう。ここまで様々な数式やグラフが出てきて混乱している読者もいるかもしれない。しかし、あと少しで本章も終わりである。ぜひ、ゆっくりでも最後まで読みこなして欲しい。

4　IS-LM分析

1)　曲線のシフトによる影響

IS-LM 分析に入る前に、いま一度本章の前提を確認しておこう。本章が想定している経済は閉鎖経済かつ短期の経済であった。この2つの前提は、外国との取引がないことと、物価が固定されている（つまり、インフレが発生しない）ことを意味している。インフレが起こらないということは、実質利子率と名目利子率が一致することを表している。したがって、実質利子率と名目利子率の間には 7-14式の関係が成り立っている。

$$r = i \qquad\qquad （7\text{-}14式）$$

この関係を導入することで、IS 曲線と LM 曲線を同一の平面上に描くことができるようになる。以降では混乱を避けるために利子率はすべて r で表記しよう。

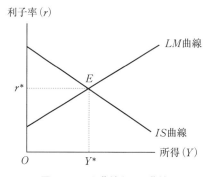

利子率(r)

図7-7　**IS 曲線とLM 曲線**

これまでに導き出した IS 曲線と LM 曲線を同時に描いたグラフが図 7-7 に示されている。IS 曲線は右下がり、LM 曲線は右上がりのグラフである。そのため、2つの曲線は E 点で交わっている。E 点では、財市場と貨幣市場の2つの市場が同時に均衡している。

いわば、マクロ経済が均衡している点である。そのため、 E 点で達成される利子率は**均衡利子率**、所得は**均衡国民所得**と呼ばれ、それぞれ r^* と Y^* で表される。

　IS 曲線と LM 曲線の導出では、それぞれがシフトしたときの所得（Y）への影響も観察した。ここでも、それぞれの曲線がシフトしたときの所得（Y）への影響を観察してみよう。まず、政府支出（G）の増加による IS 曲線のシフトの影響を見てみよう（図 7-8）。

　すでに見たように、政府支出（G）が増加すると IS 曲線が右にシフトする。シフト後の IS 曲線を IS' 曲線としよう。シフト前の LM 曲線との交点は E_1 点であったが、シフトにより E_2 に移動する。その結果、均衡利子率と均衡国民所得は r_1 から r_2、Y_1 から Y_2 へとそれぞれ上昇、増加する。この結果は何を意味しているだろうか。政府支出の増加は所得（Y）を増加させるとともに、利子率（r）も上昇させる。ここで、前に見た投資関数を思い出してみよう。投資（I）は利子率（r）の減少関数であった。つまり、投資は利子率が上昇すると減少するのである。この一連の流れは興味深いものである。すなわち、政府が所得（Y）を増加させるために政府支出（G）を増加させると、利子率（r）の上昇を引き起こし、その結果、投資（I）が減少

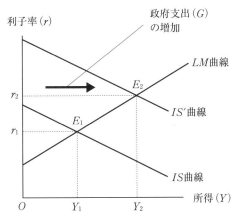

図 7-8　IS 曲線のシフトと均衡利子率、均衡国民所得

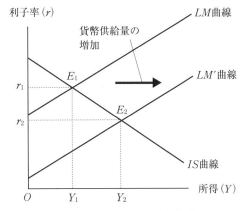

図 7-9　LM 曲線のシフトと均衡利子率、均衡国民所得

するのである。この政府支出（G）の増加による投資（I）の減少は**クラウディング・アウト**（Crowding out）と呼ばれ、政府の行動が民間経済へ与える悪影響の一つである。

　次に、LM曲線がシフトした場合の影響を見てみよう。LM曲線のシフトが貨幣供給量の増減によって引き起こされることはすでに見た通りである。ここでは、貨幣供給量が増加したことによってLM曲線が右にシフトしたときの影響を観察してみよう。

　中央銀行が貨幣供給量を増加させると、LM曲線は右にシフトする（逆に減少させると左にシフトする）。曲線が右にシフトすると、図7-9にあるようにLM曲線はLM'曲線になり、交点はE_1からE_2に移る。そして、均衡利子率と均衡国民所得はそれぞれ、r_2とY_2に移動する。新しい均衡利子率と均衡国民所得をシフト前のそれらと比較してみよう。均衡利子率はr_1からr_2に下落、均衡国民所得はY_1からY_2に増加する。つまり、貨幣供給量の増加は利子率を下げ、所得を増加させる。そして、IS曲線のシフトと異なり、クラウディング・アウトのような副作用もない。

　このように見てみると、読者の中にはIS曲線をシフトさせずにLM曲線だけをシフトさせるようにすれば、所得（Y）を増加させ続けられると感じる人がいるかもしれない。確かにLM曲線のシフトは利子率（r）を下げ、かつ、所得（Y）を増加させるというよいこと尽くしに見える。ところが、（日本の場合、通用しなくなっているが）一般的に利子率は0％を下回ることはない。そのため、曲線のシフトによって利子率を下げ続けても、いずれは「これ以上はシフトさせられない」という状況になってしまうのである。では、副作用を発生させずに所得（Y）を増加させ続ける方法はないのだろうか。

　IS曲線が右にシフトすると利子率（r）が上昇して所得（Y）が増加する。LM曲線が右にシフトすると利子率（r）が下落して所得（Y）が増加する。したがって、利子率（r）を上げずに所得（Y）を増加させるためには、「IS曲線を右にシフトさせると同時にLM曲線を右にシフト」させればよい。つまり、図7-10のようにIS曲線をシフトさせる財政政策とLM曲線をシフトさせる金融政策を同時に実施するのである。こうした財政政策と金融政

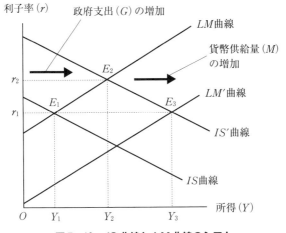

図 7 - 10　*IS* 曲線と *LM* 曲線のシフト

策の同時実施のように、複数の政策を同時に実施することを**ポリシー・ミックス**（Policy mix）という。では、実際に *IS* 曲線と *LM* 曲線を同時にシフトさせてその結果を観察してみよう（なお、ここでは政策の効果を確認する意味も兼ねて、まず *IS* 曲線をシフトさせ、その後、*LM* 曲線をシフトさせる）。

　まず、*IS* 曲線と *LM* 曲線が E_1 で交わっている。このときの均衡利子率と均衡国民所得はそれぞれ r_1 と Y_1 である。ここで、政府支出（G）が増加し、*IS* 曲線が *IS'* 曲線にシフトしたとする。すると、*LM* 曲線との交点が E_2 に移動する。均衡利子率が r_2 に増加し、均衡国民所得は Y_2 に増加する。この利子率の上昇がクラウディング・アウトであった。この状態から貨幣供給量（M）を増加させて *LM* 曲線を *LM'* 曲線にシフトさせれば、交点は E_3 に移動する。そのときの均衡利子率と均衡国民所得はそれぞれ r_1 と Y_3 になる。

　さて、このシフトの帰結を見てみよう。シフト前の均衡利子率は r_1 であり、両曲線がシフトした後の均衡利子率は r_1 である。一方で、均衡国民所得は Y_1 から Y_3 に増加している。すなわち、*IS* 曲線をシフトさせると同時に *LM* 曲線をシフトさせることで、*IS* 曲線のシフトによって引き起こされる副作用であったクラウディング・アウトの影響を消滅させることができたのである。

複数の政策を同時に実施することで悪影響を消滅させることができるという事実は、政策実施者にとってとても都合がよいだろう。シフト前の状況とぴったりと一致するように利子率を調整することは現実的に困難かもしれないが、少なくとも財政政策だけを実施した場合に発生するクラウディング・アウトの効果を減じることは可能である。また、否が応でも下限が設定されている金融政策も、財政政策によって利子率（r）が上昇することで再び実施することが可能になる。さて、これですべての杞憂は取り払われたのだろうか。ポリシー・ミックスによって政府や中央銀行は半永久的に所得を増加させられるのだろうか。もしそうであるならば、たとえば、バブル経済崩壊後の日本はなぜここまで長期間不況であったのだろうか。まだ、考えなければならない問題が残ってそうである。

2）流動性の罠

これまで私たちは曲線の位置に注意を払ってきた。すなわち、IS 曲線にせよ LM 曲線にせよ、曲線がどこに位置しているか、そして、シフトしたときに均衡利子率と均衡国民所得がどう変化するかに着目してきた。しかし、曲線の傾きについては注意を払ってこなかった。財政政策について考えるという本章の趣旨からは若干逸れるが、最後に利子率がゼロになる以外に金融政策が無効になってしまう状況について観察してみよう。

これまで見てきたように、LM 曲線がシフトすると IS 曲線がそのままで

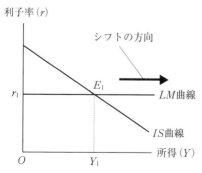

図 7 - 11　**LM 曲線が水平の場合のシフト**

あっても利子率は変化した。では、「LM 曲線がシフトしなかったら」どうなるだろうか。より正確にいえば、「シフトしても同じ位置にあるとしたら」どうなるだろうか。こうした状況は、曲線が水平方向に近い場合に発生する。

LM 曲線が水平の状態は図 7 -11 に描かれているような状況であ

る。図7-11では2つの曲線がE_1で交わっており、均衡利子率と均衡国民所得はそれぞれr_1とY_1である。ここで、中央銀行が貨幣供給量（M）を増加させLM曲線をシフトさせた場合、もとの曲線が水平であるために、横方向（図7-11の矢印の方向）にシフトする。そのため、LM曲線がシフトした後のIS曲線との交点はE_1のままであり、シフト前と比べて均衡利子率と均衡国民所得が変化していない。

　このようにLM曲線が水平である場合、貨幣供給量（M）を増加させても所得（Y）が増加しない。LM曲線が水平である状態は、**流動性の罠**（に陥っている）と呼ばれている。流動性の罠にあるとき、金融政策は効果をもたない。一方で、IS曲線のシフトである財政政策は効果をもつ。しかも、そのときはシフトによるクラウディング・アウトが発生しない（ここまで読んでいただいた読者ならば、多少なりともグラフに慣れたのではないだろうか。最後のLM曲線が流動性の罠にあるときのIS曲線のシフトについては、読者の皆さんに描いてもらい、政策の効果を確認してもらいたい）。

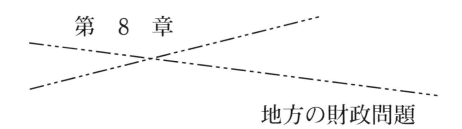

第 8 章

地方の財政問題

1　地方財政の課題

1）中央財政と地方財政

⑴　中央集権と地方分権

いままでの議論では、多くの場合、**中央政府**（central government）の財政を念頭において考察してきたが、ここでは、**地方政府**（local government）の財政、すなわち地方財政システムを説明したい。

現在の日本の政府活動は、国、都道府県、市町村の 3 つに分かれている。このうち、都道府県と市町村は地方公共団体であり、一括して地方政府（地方自治体）と呼ばれることもある。2019年 4 月 1 日現在、都道府県数は47、市町村数は1718（政令指定都市20、中核市ほか85、都市687、町村926）、一部事務組合1179、広域連合114である。このように地方財政は、きわめて多数の団体を含んでいることになる。

中央政府と地方政府とは、多様な関係にある。すなわち、中央政府の決定が支配的である場合は**集権**（centralization）、地方政府による自主的決定が支配的である場合は**分権**（decentralization）といい、また公共サービスの執行について、中央政府の占める割合が高い場合は**集中**（concentration）、地方政府の占める割合が高い場合には**分散**（deconcentration）という（表 8 - 1 参照）。わが国の戦後の税財政システムは、集権的分散システムと名付けられ、中央政府が公共サービスの多くを掌握し、行政の活動は地方政府によって多くがなされている。このシステムは1940（昭和15）年の、国・地方を通じる税制改

表 8-1　地方分権のメリット、デメリット

	メリット	デメリット
中央集権	地域外への波及効果の大きい全国レベルでの公共サービスを最適に供給できる。 意思決定の固定費用を節約できる。	公共サービスに対する住民の選好について不完全性が大きいほど、画一的な供給はできにくい。
地方分権	住民の選好について地方政府のもつ情報量が豊富である。 住民が異なる地方を選択できる。	公共財の地域を越えた波及効果の程度が大きいほど、外部性を内部化できにくい。

出典）井堀 2005：359 頁。

正による結果とされている（神野 2007：295-297）。

　諸外国の例を見ると、中央政府と地方政府との関係がどの程度まで集権的、あるいは分権的であるかは、歴史的事情によって左右されることが多い。

　アメリカや旧西ドイツでは、元来、州が集まって連邦が形成された歴史的事実があって、州の権限は憲法で保証されていて地方分権的であり、**連邦国家**（Federal States）と呼ばれている。これに対してフランスは中央集権的であり、日本やイギリスはこれらの中間にあり、いずれも**単一国家**（Unitary States）と呼ばれている。

（2）　地方政府の財政機能

　一つの国家が、広大な地域を領有している現在、中央政府（国）のほかに、各地域の行・財政活動を行う地方政府（地方公共団体）が必要となる。たとえば、ある特定の地域の人々が使う飲み水の確保や、汚水やごみの処理、また特定地点で発生した犯罪の捜査といった仕事は、その地域を離れて存在する政府が行うには不適切な仕事である。

　具体的には、教育、環境衛生、消防、交通安全、老人・児童の福祉サービス、街路・公園などの公共施設、上・下水道の経営、住宅建設、病院経営、交通事業経営など、住民の日常生活に関係した公共サービスが地方公共団体によって供給されている。この地方公共団体の機能について、現在は、地方自治法に「普通地方公共団体は、地域における事務及びその他の事務で法律又はこれに基づく政令により処理することとされるものを処理する」（第 2 条

表8-2　国と地方の役割分担

	公共資本	教育	福祉	その他
国	・高速道路 ・国道 ・一級河川	・大学 ・私学助成 　（大学）	・公的年金 ・医師等免許 ・医薬品許可免許	・防衛 ・外交 ・通貨
都道府県	・都道府県道 ・二級河川 ・港湾 ・公営住宅 ・市街化区域	・高校 ・私学助成 　（幼～高校） ・小中教員の 　給与・人事 ・公立大学	・生活保護 ・児童福祉 ・保健所	・警察 ・職業訓練
市町村	・市町村道 ・都市計画 ・準用河川 ・港湾 ・公営住宅 ・下水道	・小中学校 ・幼稚園	・生活保護 　（市の区域） ・国民健康保険 ・介護保険 ・上下水道 ・ごみ・し尿処理	・戸籍 ・住民基本台帳 ・消防

出典）土居 2021：258。

第2項）と定められている（表8-2）。

　一般に、財政の政策機能として、**資源配分（公共サービスの供給）、所得の再分配**および**経済の安定**といった3つの機能が挙げられる。このうち地方公共団体が、自らの意志により実行すべき政策は、公共サービスの供給である。もし、所得の再分配政策を、各地方公共団体が自主的に行ったとしたら、再分配の程度は、地域によって異なったものになるだろう。また景気対策としての**有効需要**の調整も、ある地域は、有効需要の不足に困り、他の地域は有効需要の過大に悩むといった現象は生じない。さらに地方公共団体は、中央政府と違い信用力が弱いため、大幅な財政赤字（地方債の発行）によって有効需要の拡大政策をとる力を十分にはもっていない。このため、地方公共団体の主たる財政的機能は、特に地域的な公共サービスの供給ということになる（藤田・貝塚 1980：187-188）。

(3)　国と地方の財政関係

　国の財政と地方財政は、国民の福祉増進のためにともに協力し、分担して財政活動を行っている。

　図8-1で、国と地方の財政関係を示すと、国は民間から国税を徴収して

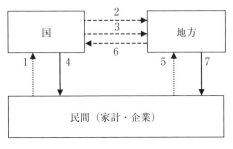

出典）橋本ほか 2002：225

図 8-1　国と地方の財政関係

（点線 1）、それを地方公共団体に地方交付税等で交付し（破線 2）、さらに地方公共団体の実施する事務や事業に補助金等を支出し（破線 3）、最後に、道路や教育といった財・サービスを民間に提供している（実線 4）。地方公共団体は民間から地方税を徴収するとともに（点線 5）、地方交付税や補助金等の国からの移転収入をもって（破線 2、3）、国へわずかであるが分担金等を支出し（破線 6）、大半を直接に事務・事業をまかなうため民間へ支出する（実線 7）。

2）地方財政の理論と現実

（1）政府間財政関係

ここでは、**政府間財政移転**、すなわち国と地方の間でいかに資金のやりとりが行われているかを概観する。

2019（令和元）年度の国と地方の租税収入は、国全体の税収が103兆3886億円（国税が62兆1751億円、地方税が41兆2115億円）で、国税と地方税の比率は約 6 対 4 となっている。一方で、国全体の歳出は172兆2667億円（国の歳出が73兆4201億円、地方の歳出が98兆8467億円）と、歳出額の比率は約 4 対 6 と租税収入とまったく反対になっている。

この結果より、わが国の財政構造として、税収の多い国から歳出の多い地方へ資金の移転がなされていると考えることができる。このような資金のやりとりは、補助金あるいは政府間財政移転と呼ばれている。

（2）地方財政計画の役割

地方財政計画とは、地方交付税法第 7 条の規定に基づいて、国の一般会計予算との整合性を図るために、毎年度内閣が作成し国会に提出する資料である。この地方公共団体の歳入および歳出総額の見込額に関する書類は、表

表 8-3　地方財政計画（歳入歳出構成比：通常収支分）

歳　　入	2021（令和3）年度	2020（令和2）年度	差引	歳　　出	2021（令和3）年度	2020（令和2）年度	差引
地方税	42.6	45.1	△ 6.5	給与関係経費	22.5	22.4	△ 0.7
地方譲与税	2.1	2.9	△ 29.2	一般行政経費	45.5	44.5	1.3
地方特例交付金	0.4	0.2	78.2	地域経済雇用対策	—	—	—
地方交付税	19.4	18.3	5.1	公債費	13.1	12.9	0.7
国庫支出金	16.4	16.8	△ 3.0	維持補修費	1.6	1.6	1.6
地方債	12.5	10.2	21.2	投資的経費	13.3	14.1	△ 6.5
使用料・手数料	1.7	1.7	△ 1.7	公営企業繰出金	2.7	2.7	△ 2.1
雑収入	4.9	4.8	△ 0.1	不交付団体平均水準を超える経費	1.3	1.8	△ 31.5
計	100.0	100.0	△ 1.0	計	100.0	100.0	△ 1.0

注）構成比：%。
出典）総務省編 2021『地方財政白書　令和3年版』資料編 pp.137-140 より作成。

8-3のようにバランスシートの形で示される。

　地方財政計画の目的は、第1に、地方財政全体の収支見込みを明らかにすること（地方財政規模の把握）、また、地方財源の不足額に対して、税財政制度の改正や、地方交付税率の検討など、財政収支の適合を図るために必要な措置を講じることである。第2に地方公共団体に対し、全国的な規模における地方財政のあるべき姿を示している。すなわち、地方財政全般の状況を明らかにして、地方公共団体の毎年度の財政運営の指標の役割を果たすことである（橋本ほか 2002：230-231）。

2　地方財政の収入（歳入）

1）地方の歳入構造

　国の財政に必要な経費は、原則的には国民が負担する租税でまかなわれる。また、地方公共団体が実施する業務に要する経費は、全額をその地域の住民が直接負担する地方税でまかなうことが望ましい。これにより、地方公共団体は国の干渉を避け、負担を意識することで公共サービスに対する住民の過大な要求を抑制することができるからである。しかし、実際には地方財

表 8 - 4　地方の歳入構造

	都道府県	構成比	市町村	構成比	財源別	財源
地方税	207,036	40.7	205,079	33.4	一般	自主
地方譲与税	21,648	4.3	4,290	0.7	一般	依存
地方交付税	86,313	17.0	81,080	13.2	一般	依存
地方特例交付金等	1,558	0.3	3,125	0.5	一般	依存
国庫支出金	59,252	11.6	98,602	16.1	特定	依存
都道府県支出	―	―	41,659	6.8	特定	依存
使用・手数料	8,500	1.7	13,191	2.1	特定	依存
地方債	56,009	11.0	52,948	8.6	特定	依存
その他	68,824	13.4	86,722	14.1	一般・特定	自主・依存
合計	509,140	100.0	614,050	100.0	―	―

注）2019（令和元）年度歳入決算額（金額単位：億円、構成比：％）。
出典）総務省『地方財政白書　令和3年版』資料編 p.22 より作成。

政をまかなっているのは地方税だけではなく、そのほかにも多くの歳入項目が存在している（林 2019：239-240）。

　表 8 - 4 は、地方の歳入構造を示している。地方税は都道府県で40.7％、市町村で33.4％にすぎず、国が地方に配分する地方譲与税、地方交付税、国庫支出金、使用料・手数料、地方債といった収入項目で補っている。

⑴　地　方　税

　地方税（local tax）は、地方の歳入で最大の財源である。地方税の税目と税率は、地方公共団体が自由に設定し課税することはできず、地方税法で定められている。

⑵　地方譲与税と地方交付税

　地方譲与税には、現在、地方揮発油譲与税、自動車重量譲与税、森林環境譲与税、石油ガス譲与税、航空機燃料譲与税、特別とん譲与税、地方法人特別譲与税がある。課税の便宜上、国が地方公共団体に代わって課税・徴収し、その収入額を一定の基準で地方に譲与するものである。また**地方特例交付金**とは、各種税額控除の実施や臨時的な軽減措置による地方公共団体の減収を補填するために交付される、減収補填特例交付金、幼児教育・保育の無償化に係る地方負担に交付される子ども・子育て支援臨時交付金がある。**地方交付税**は、地方公共団体間に存在する財政力格差の是正（財政調整機能）と、ナショナル・ミニマムに必要な財源を、地方税だけでは不足する地方公

共団体に対して、財源を保障すること（財源保障機能）を目的とする。これには、**普通地方交付税**（財政力の弱い地方公共団体に厚く配分）と、**特別交付税**（特別な財政事情を考慮して配分）からなる。

(3)　国庫支出金と都道府県支出金

国庫支出金は、地方の特定の事業に対して交付されるひも付きの補助金で、国と地方の負担区分に基づいて負担する**国庫負担金**と**国庫委託金**、地方の支出奨励や財政援助を目的とした**国庫補助金**がある。**都道府県支出金**は、国庫支出金と同様に使途が限定されるが、国庫支出金が都道府県に交付され、それに都道府県の財源が付加されて市町村に交付されるものも含まれる。

(4)　一般財源と特定財源

一般財源とは、地方税や地方交付税など、財源の使途が特定されずに、地方政府が自由に使用できる財源をいう。**特定財源**は、国庫支出金、地方債のように使途が限定されているものである。

(5)　自主財源と依存財源

自主財源とは、地方税、手数料・使用料など、地方公共団体が地域社会から自主的に調達する財源をいう。**依存財源**とは、中央政府によって地方政府に配分され、割り当てられる財源をいう。地方交付税、国庫支出金（特定補助金）がある。

(6)　経常財源と臨時財源

毎年経常的に入ってくる**経常財源**には、地方税、地方譲与税、普通地方交付税、国庫支出金のうち公立教職員の給与に交付される国庫負担金、生活保護の給付に対する国庫負担金がある。臨時的な性格の強い**臨時財源**には、地方債、寄付金などがある。

(7)　地　方　債

地方公共団体は、地方財政法第 5 条 1 項によって「歳出は地方債以外の歳入をもつて、その財源としなければならない」ことが原則とされている。

地方債とは、地方公共団体が一会計年度を超えて行う借り入れをいい、原則として投資的経費（建設事業関係の経費）の一定部分にあてられる。

2) 地方税体系

(1) 地方税の原則

租税は、どのようなものかを規定するのが**租税原則**（tax principles）であり、スミス、ワグナー、ノイマルクにより発展してきた。地方税も基本的にその適用を受けるが、地方税には**地方税原則**（local tax principles）として、国税とは異なる固有の原則があるとされた。それらは、①応益原則、②安定性原則、③地域普遍性原則、④負担分任原則、⑤自主性原則などである。

① **応益原則** 地方の場合、地方公共団体の範囲が小さければ小さいほど、給付と反対給付の適用可能性が増大する。

② **安定性原則** 地方公共団体の経費は、経常的性格のものが多く、また財政規模も小さいので、税収の安定化が財政運営の円滑化のため不可欠となる。好不況といった景気状況により収入の増減があるものは、地方税として不適当とする原則である。

③ **地域普遍性原則** 地域的に偏在する税を地方税とすると、税収の地域間格差が生じるため、地方税の課税客体は全国的（普遍的）に存在するものであるべきであるという原則である。収益税、消費税といった外形標準課税は比較的普遍的である。

④ **負担分任原則** すべての住民が地方公共団体の財源負担をするべきであるとするもの。これは地方自治の観点からも支持される原則である。

⑤ **自主性原則** 課税自主権と地方自治の前提から、画一的な地方自治を不可とするものである。わが国の場合、**標準税率**を超える**超過税率**、地方税に規定された税目以外の**法定外普通税**を設けることが認められている（佐藤・関口 2019：320-322）。

(2) シャウプ税制

わが国の地方税制は、1949（昭和24）年の**シャウプ勧告**に基づいて改革された税制を基礎としている（表8-5参照）。シャウプ税制は、地方税制の基本原則を、①税制の簡素化、②税収の十分性と課税標準の地域帰着性、③税源の分離、税率の自由決定にあるとし、この考えは地方税法の規定に活かされ

表 8-5　シャウプ勧告による財源配分

	国税	都道府県税	市町村税
所得	所得税・法人税		市町村民税
消費	酒税・たばこ税 物品税	付加価値税 入場税・遊興飲食税	電気ガス税
資産		自動車税	固定資産税

出典）橋本 1988：72。

た。しかし、その後の日本の実状に合わせるという理由で、多くの修正が加えられ現在に至っている。

(3)　国と地方の課税の根拠

　国が課税する税を**国税**（national tax）といい、都道府県や市町村が賦課徴収する税を**地方税**（local tax）という。憲法第30条は「国民は、法律の定めるところにより、納税の義務を負ふ」と明記し、地方税法第 2 条は「地方団体は、この法律の定めるところによつて、地方税を賦課徴収することができる」と規定している。地方公共団体は、議会で議決された条例の定めるところによって、具体的に税目、課税標準、税率等を決めて賦課徴収する。

　そこで税制としては、国税と地方税をいかに適正に配分するかという税源配分が重要となる。

　伝統的税源配分論によれば、①国税は**人税**を、地方税は**物税**を中心とし、②地方税原則に則した税目が優先的に地方に配分される。これは、地方税原則に適応する税目（課税ベース）は、優先的に地方税に配分するという「課税の補完性」に基づいている。また、**応能原則**に対応する人税である累進所得税、相続税などが国税に配分され、**応益原則**に対応する物税である財産税などが地方税に配分される。

(4)　国税と地方税

　表 8-6 で示されるように、2018（平成30）年度決算額では、国税と地方税の税収割合は、約 6 対 4 になっている（東京都が徴収した市町村税相当額は、市町村税に含み、道府県税に含まない）。

　次に、どのような租税が国と地方で用いられているかというと、**所得課税**としての、所得税、法人税、住民税。**消費課税**としての消費税、地方消費

表8-6　国・地方の主な税目及び税収配分の概要

（　）内は、2018（平成30）年度決算額。単位：兆円

		所得課税	消費課税	資産課税等	計
国		所得税　　　（19.9） 法人税　　　（12.3） 　　等	消費税　　　（17.7） 揮発油税　　　（2.3） 酒税　　　　　（1.3） たばこ税　　　（0.9） 自動車重量税　（0.4） 　　等	相続税　　　（2.3） 　　等	
		個人（31.6%） 法人（23.5%）			
		55.1%（35.4兆円）	39.6%（25.4兆円）	5.3%（3.4兆円）	100.0%（64.2兆円）
地方	道府県	法人事業税　　（4.2） 個人道府県民税 　　　　　　　（4.8） 法人道府県民税 　　　　　　　（0.8） 道府県民税利子割 　　　　　　　（0.1） 個人事業税　　（0.2）	地方消費税　　（4.8） 自動車税　　　（1.6） 軽油引取税　　（1.0） 自動車取得税　（0.2） 道府県たばこ税 　　　　　　　（0.1） 　　等	不動産取得税　（0.4） 　　等	
		個人（27.7%） 法人（27.7%）			
		55.4%（10.1兆円）	42.0%（7.7兆円）	2.6%（0.5兆円）	100.0%（18.3兆円）
	市町村	個人市町村民税 　　　　　　　（8.1） 法人市町村民税 　　　　　　　（2.4） 個人（36.1%） 法人（10.8%）	市町村たばこ税 　　　　　　　（0.9） 軽自動車税　　（0.3） 　　等	固定資産税　　（9.1） 都市計画税　　（1.3） 事業所税　　　（0.4） 　　等	
		47.0%（10.5兆円）	5.0%（1.1兆円）	48.0%（10.8兆円）	100.0%（22.4兆円）
		50.7%（20.7兆円）	21.7%（8.8兆円）	27.6%（11.2兆円）	100.0%（40.8兆円）
計		53.4%（56.1兆円）	32.6%（34.3兆円）	13.9%（14.6兆円）	100.0%（105.0兆円）

（再　掲）

		所得課税	消費課税	資産課税等	計
国		63.1%	74.2%	23.3%	61.2%
	道府県	18.1%	22.5%	3.2%	17.5%
	市町村	18.8%	3.3%	73.5%	21.4%
地方		36.9%	25.8%	76.7%	38.8%
計		100.0%	100.0%	100.0%	100.0%

注）1．国税は特別会計分を含み、地方税は超過課税分及び法定外税を含む。
　　2．国税は地方法人特別税を含み、地方税は地方法人特別譲与税を含まない。
　　3．下線を付した税目以外の地方税目は課税標準が国税に準拠し又は国税に類似しているもの。
　　4．表中における計数は、それぞれ四捨五入によっており、計と一致しない場合がある。
　　5．計数は精査中であり、異動する場合がある。
出典）総務省HP　https://www.soumu.go.jp/main_content/000696129.pdf

税、**資産課税**としての固定資産税などがある。しかし、個人所得課税（国の所得税、道府県・市町村の住民税）、法人所得課税（国の法人税、道府県・市町村の法人住民税、事業税）などに税源の重複が見られる。結果として、国と地方の税率が高くないにもかかわらず、国と地方で重ねて課税をしているため、全体として高税率、高負担となる問題点がある（横山ほか 2009：134-137）。

(5)　道 府 県 税

地方政府の主たる財源である地方税の概要を見ると以下のようになる。地方税は全体の税収の約 4 割を占めていて、直接税（所得税）の比重が高い。表 8 - 6 は、これらの地方税のうち都道府県の収入となる税目と市町村の収入になる主たる税目を示したものである。

都道府県の収入のうち、最大の収入を挙げているのは**事業税**であるが、これは、法人と個人を含めて事業主体の所得に課される税である。都道府県民税は、住民税の一部であるが、その課税標準は、国税の所得税・法人税のそれとほぼ同じである。そのほか、**自動車税**は自動車の保有に課され、**不動産取得税**は不動産を取得した者にその取得価額に応じて課税される。

(6)　市 町 村 税

市町村の税収入の内訳では、税収入の約 5 割に達している**市町村民税**は住民税の一部であり、道府県民税と同じ課税標準に課税されている。次に**固定資産税**は、固定資産（土地・家屋）の所有者にその資産額に応じて課される資産税である。**市町村たばこ税**は、それぞれの市町村の区域で、たばこが小売業に販売された段階で課税される消費税である。また**都市計画税**は、都市計画事業の財源に充てられる目的税で、課税標準は固定資産税と同じである。

(7)　国と地方の税源配分の見直し

前述のように、わが国の財政は、国民が負担する租税収入の配分では、国と地方の比率はおおむね 6 対 4 となっているのに対し、最終支出では国と地方の比率が 4 対 6 となり、税源配分と最終支出との間に大きな乖離が生じている。

また、地方歳入中の地方税のウェイトは約 4 割、歳出規模と地方税収のギャップ（国庫支出金、地方交付税）が地域における受益と負担の関係を希薄に

し、歳出増加に抑止力が働きにくいとの指摘もある。そこで税制としては、地方公共団体がより自立的な財政運営を行えるように、税源移譲を含む国と地方との税源配分の見直しにより、地方歳入に占める地方税の割合を高める必要がある。

3 地方の歳出構造—地方公共団体の会計制度—

1）普通会計と公営事業会計

各地方公共団体は、都道府県と市町村の二重構造があること、中央と地方の間に財政移転があることなど、予算についての一元化が必要になる。そこで、地方公共団体ごとの一般会計、特別会計を、統一的に把握するために**普通会計**と**公営事業会計**に区分している。普通会計とは、一般会計と公営事業会計に計上される特別会計を除いた残りの特別会計を加えた合計である。公営事業会計は、公営企業会計などの事業会計をいう。

普通会計歳出決算額を団体種類別に見ると、都道府県が49兆3390億円、市町村が60兆8561億円の規模であり、この傾向はほとんど変わっていない。しかし都道府県の支出には市町村に対する都道府県支出金があるため、こうした団体間の重複を取り除いた都道府県と市町村の歳出純計額は110兆1952億円である（2019〔令和元〕年度歳出決算額）。

2）目的別分類と性質別分類

最も基本的な制度的分類は、表8−7に示した**目的別分類**と表8−8に示した**性質別分類**である。目的別分類は地方の支出を行政目的によって総務費（地方税の課税と徴収、住民登録等）、民生費（児童、老人等に対する社会福祉施設の整備運営・福祉サービスの提供等）、衛生費（医療、公衆衛生等）、労働費（失業対策事業等）などに分類する。

この分類を見ることによって地方公共団体の重点政策をある程度知ることができる（林ほか 2019：246-248）。このうち近年では、民生費、土木費、公債

表 8 - 7　　目的別歳出決算額の状況

区分	都道府県	構成比	市町村	構成比
総務費	3,009,541	6.2	6,958,654	11.9
民生費	8,049,741	16.7	21,728,656	37.1
衛生費	1,559,369	3.2	4,865,398	8.3
労働費	148,288	0.3	97,695	0.2
農林水産業費	2,320,921	4.8	1,304,903	2.2
商工費	2,815,221	5.8	1,768,984	3.0
土木費	5,579,003	11.6	6,193,800	10.6
消防費	—	—	1,921,652	3.3
警察費	3,354,155	7.0	—	—
教育費	10,155,219	21.1	7,459,804	12.7
災害復旧費	431,817	0.9	386,756	0.7
公債費	6,633,436	13.8	5,489,318	9.4
その他	4,164,527	8.6	445,075	0.6
歳出合計	48,221,238	100.0	58,620,695	100.0

注）通常収支分（東日本大震災分を除く）。単位：100 万円・%。
出典）総務省「地方財政白書　令和 3 年度版」資料編 pp.154-155 より作成。

表 8 - 8　　性質別歳出決算額の状況

区分	都道府県	構成比	市町村	構成比
義務的経費	20,259,729	42.0	29,197,538	49.8
人件費	(12,539,989)	(26.0)	(9,892,706)	(16.9)
扶助費	(1,107,662)	(2.3)	(13,822,300)	(23.6)
公債費	(6,612,078)	(13.7)	(5,482,532)	(9.4)
投資的経費	7,928,932	16.4	8,219,270	14.0
普通建設事業	(7,498,475)	(15.6)	(7,832,646)	(13.4)
災害復旧事業	(430,457)	(0.9)	(386,601)	(0.7)
その他の経費	20,032,577	41.6	21,203,887	36.1
合　計	48,221,238	100.0	58,620,695	100.0

注）通常収支分（東日本大震災分を除く）。単位：100 万円・%。
出典）総務省「地方財政白書　令和 3 年度版」資料編 pp.157-158 より作成。

費、教育費（市町村の場合）の割合が多くなっている。

　地方公共団体の経費を経済的性質別に分類すると、表 8 - 8 のように**義務的経費**（人件費および公債費など、毎年度定められた額を義務的に支出する経費）と、**投資的経費**（普通建設事業費、失業対策事業費等）、および、その他の経費（物件費等）に分類できる。

　地方財政の歳出を概観すると、第 1 に、目的別歳出で大きな変化をしているのが、土木費である。土木費の推移は、性質別における普通建設事業費の

推移と酷似しており、1990年代前半に急速に増加した後、1993（平成 5 ）～1995（平成 7 ）年をピークに減少している。

　第 2 に、民生費の増加傾向が目立つ。この理由は、①高齢化に伴う老人福祉費の増加、性質別でいえば、扶助費の増加傾向と対応しており、高齢者介護の高まりによる施設・在宅でのサービスにかかる経費が増加したことによる。②1990年代末から急増した生活保護費と児童福祉費がある。これは、2000（平成12）年の介護保険導入と、子育て支援事業の拡大や、児童手当等の増加の結果と考えられる。

　その他の目的別歳出項目では、第 3 に、教育費の減少がある。これは、少子化の下で学校教育費、社会教育の施設建設費が減少した結果である。第 4 に、農林水産業費の減少である。農業従事者減少傾向の中で、農業政策が低位に置かれるようになった背景もある。第 5 に、さらに重要なのは、1990（平成 2 ）年以降公債費が一貫して増加傾向を示していることである。これは、地方債への依存の結果、その後の元利償還費が大きくなったことを示している。

　このように、地方自治体の歳出構造は、その時々の地域社会、経済の変化や問題の所在を映し出すとともに、政策がどこに重点を置いているのかを表すものでもあるといえる（重森ほか 2009：337-340）。

3 ）経常収支比率と公債費比率

　毎年度、経常的に支出される経費（経常的経費）に充当された一般財源の額が、一般財源総額に占める割合を、**経常収支比率**と呼ぶ。2017（平成29）年度は93.4％（都道府県、市町村の合計）に達している。また、公債費に充当された一般財源の額が、一般財源総額に占める割合を、**公債費負担比率**と呼び、2019年度は16.6％（都道府県、市町村の合計）に達している。

　いずれも、地方税や地方交付税等の一般財源が人件費、扶助費、公債費などの経常的経費ないし義務的経費にどの程度費やされているかによって、財政構造の弾力性を判断しようとする指標である。経常収支比率は、通常75％が望ましいとされている。公債費比率は、その値が高いほど財政運営の硬直性が高いとされ、15％が警戒ライン、20％が危険ラインと考えられて、**地方**

債許可制限比率となっている（橋本ほか 2002：233）。2006（平成18）年以降は、国または都道府県の許可がなくても（18％以上の地方公共団体は許可が必要）、地方公共団体は**協議制**という手続きを経て地方債を発行できることになった。

4　地方交付税と財政調整

1）地方交付税の仕組み

⑴　地方交付税とは

地方財政調整制度（fiscal equalization system）である**地方交付税**（local allocation tax）とは、各地域の財政力の格差を是正するとともに、**ナショナル・ミニマム**（national minimum）の達成のために、特定の国税の一定割合を地方に配分することである。結果的に、財政力の強い地方公共団体から財政力の弱い地方公共団体への財源の再分配を行うことになる。

　この制度は、ワイマール期ドイツの財政調整法（1923年）、イギリスの一般国庫交付金（1929年）に起源をもつとされている。わが国では、1936（昭和11）年の臨時町村財政補給金、1937（昭和12）年の臨時地方財政補給金にあり、これが1940（昭和15）年の地方配付税制度となった。その後、1950（昭和25）年のシャウプ勧告による税財政改革で、地方財政平衡交付金となり、1954（昭和29）年、現在の地方交付税交付金に切り替えられた。

⑵　地方交付税の仕組み

　地方交付税は、それぞれの地方公共団体について**基準財政需要額**（標準的支出規模）を算定し、またそれぞれの地方公共団体の具体的な経済規模（人口、所得、事業活動など）から得られる**基準財政収入額**（標準的な税収入）を算定し、もしこの差額があるならば、国税収入の一部から支出する制度である。経済力の強い地方政府では、基準財政収入額が基準財政需要額を上回り、経済力の弱い地方政府では基準財政需要額が基準財政収入額を上回る。後者の差額を埋め合わせる財源としては、現在では国税のうち、所得税・法人税の33.1％（2015〔平成27〕年度から）、酒税の50％（2015年度から）、消費税の19.5％

（2020〔令和2〕年度から）、地方法人税の全額（2014年〔平成26〕年度から）にあたる税収入があてられている。

地方交付税の配布は、総額の94％が財源不足団体に対して**普通交付税**として、6％が**特別交付税**の形でなされるが、後者は災害など予定されない不測の財政需要を考慮して留保されるものである。また、基準財政収入額を基準財政需要額で割った値は、**財政力指数**と呼ばれ、この指数が高いほど財源に余裕があるといえる。たとえば東京都1.18、愛知県0.92、高知県0.27、島根県0.26（都道府県平均0.52：2019年度決算）である。

⑶　**地方交付税の目的**

一般補助金である地方交付税は、図8-2のように**財政調整機能**と**財源保障機能**を目的としている。財政調整機能は、財政力の格差を調整する機能であり、財源保障機能は標準的な歳出額を満たすように財源を手当てする機能である。財政調整機能は、さらに**垂直的財政調整**と**水平的財政調整**に分類される。地方交付税による、国から地方への財政移転を垂直的財政調整、地方公共団体内で税収と歳出額の格差の調整が、水平的財政調整である。

⑷　**普通交付税額の算出方法**

普通交付税の税額については、次のように算定される（図8-3参照）。

　　各地方公共団体の普通交付税額

　　　＝（基準財政需要額－基準財政収入額）＝財源不足額　　（8-1式）

①　**基準財政需要額**　　これは、「各地方団体が合理的・妥当な行政を実施するのに要する一般財源」とされ、次のように算定される。

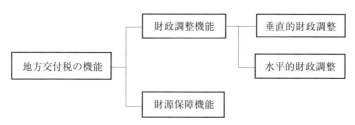

出典）横山ほか 2009：80。

図8-2　地方交付税の目的

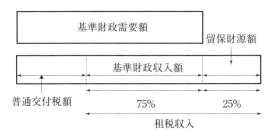

出典）総務省 HP「地方財政資料」より。

図 8 - 3　地方交付税の算定方法

　　基準財政需要額

　　　＝単位費用（法定）×測定単位（国勢調査人口等）

　　　　×補正係数（寒冷補正等）　　　　　　　　　　　（8 - 2 式）

　ここで、**単位費用**とは「各地方団体が合理的かつ妥当な水準において地方行政を行う場合の経費」とされ、各行政費用別に地方交付税法附則で規定される。**測定単位**は、人数または面積といった単位を指す。**補正係数**には、種別補正、密度補正、態容補正、寒冷補正その他があり、地方公共団体の特殊事情に応じた補正を行うものである。

　②　**基準財政収入額**　　これは、各地方公共団体の標準的な一般財源収入額とされ、次のように算定される。

　　基準財政収入額

　　　＝標準的税収入見込み額×基準税率（75％）　　　（8 - 3 式）

　地方公共団体に対して、徴税努力をするインセンティブを与えるため、租税収入の25％は留保財源と呼ばれ、基準財政収入額には参入されない。その結果、租税収入の75％に相当する基準財政収入額を基準財政需要額から差し引いた額が普通交付税額となる。

2）地方交付税の地域間再分配効果

　地方交付税の配分により、各都道府県にどのような財政調整の効果が現れているかを見てみる。表 8 - 9 より、地方税 1 人あたり額、地方交付税 1 人あ

たり額と一般財源1人あたり額の比較によると、財政力指数の高い団体と低い団体の財政力の格差が、大きく調整されていることがわかる。

2019（令和元）年度の場合、上位県、中位県、下位県のそれぞれの数値を見ると、下位県ほど住民1人あたりの一般財源額が高くなっており、これは地方交付税の配分の結果であることがわかる。この制度は、地方公共団体間の財政力格差の是正に一定の役割を果たしている一方で、地域の経済格差の是正には間接的効果しかないということになる。

また、わが国の地方交付税制度の問題点として、規模や仕組みが複雑であること、交付金額の大きさが景気の平準化に逆効果をもつことや官僚統制機構を媒介していることなど、今後も検討が必要な制度である。

5　国庫支出金

1）補助金とは何か（補助金の種類）

いままでの議論から、財政力格差是正のための補助金は、税金を補完するものであり、税収入同様に、何の目的のためにも使用できる補助金でなければならないことになる。

国から地方に交付される補助金は、①使途が特定されているかどうか、②地方の支出額と関連付けて交付されているか、で分類することができる。使

表8-9　一般財源の人口1人あたり額

	都道府県		地方税		地方交付税		一般財源	
区分	財政力指数	都道府県数	人口1人あたり額	歳入構成比	人口1人あたり額	歳入構成比	人口1人あたり額	歳入構成比
A	1.0 以上	—	—	—	—	—	—	—
B1	0.7 〜 1.0	6 府県	116,145	47.9	22,724	9.4	156,037	64.4
B2	0.5 〜 0.7	15 府県	112,677	30.8	72,586	19.9	203,602	55.7
C	0.4 〜 0.5	10 道県	106,341	23.9	120,425	27.0	245,757	55.1
D	0.3 〜 0.4	12 県	97,662	18.2	173,349	32.2	290,053	53.9
E	0.3 未満	3 県	96,705	15.0	251,365	39.0	368,400	57.1
F	東京都	1 都	312,365	64.5	−	−	333,274	68.8

注）単位は額：円、構成比：％
出典）総務省「地方財政白書　令和3年度版」資料編 p.38 より作成。

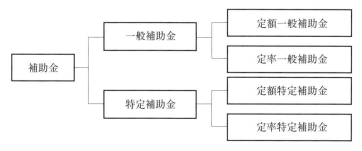

出典）横山ほか 2009：79

図 8-4　補助金の種類

途が特定されない補助金を**一般補助金**（general grants）、特定の支出に対して
交付されるものを**特定補助金**（specific grants）という。わが国では、地方交
付税が一般補助金、国庫支出金が特定補助金である（図 8-4）。

　また、地方の支出額に関連付けて、その一定割合として交付されるものを
定率補助金（matching grants）、地方の支出額と無関係に一定額が交付される
ものを**定額補助金**（lump-sum grants）、と呼ぶ。補助金の目的に応じてこれら
の形態を使い分けることになる。特定補助金は、通常定率補助金であること
が多く、定率補助金とは、総供給費用の一定割合を、補助金として交付する
ものである。たとえば、2 割の定率補助金が支給される場合は、残り 8 割は
地方団体の自主財源でまかなわなければならない。この場合、100 万円の補
助金は、400 万円の地方財源を、同じ目的のために支出することを要求する
ことになる。

2）定額特定補助金の経済効果

　ある公共サービスに対して特定補助金が与えられたとき、そのサービスの
供給がどのように変化するか、無差別曲線を使って考察する。ここでは簡単
にするため、公共サービスの種類は 2 つであり、この 2 つの公共サービスに
対する地方公共団体の歳出総額は、一定であるという仮定を置く。したがっ
て、2 つの公共サービスに対する地方政府の支出配分が、特定補助金によっ
てどのように影響を受けるかが問題となる。

図8-5において、横軸には公共サービス X の数量が、縦軸には公共サービス Y の数量が測られている。U_1、U_2 は、X、Y に関する住民の**無差別曲線**であり、直線 AB は、特定補助金が与えられる前の**予算線**である。この地方公共団体は、補助金が与えられる以前、直線 AB 上で最も大きな満足が得られる点 E を選び、x_0、y_0 だけの公共サービスを購入する。

　ここで、公共サービス X に対して、定額の特定補助金が与えられたとする。予算線は、AB から X で測った補助金額だけ右側へ平行移動し、CB' に移る（Y には補助金が与えられないため、数量は増加しない）。そして地方公共団体は、この線上で最も大きな満足を与える点 E' を選ぶだろう。E と E' とを比較すると、図から明らかなように、E' は E の右上方にあり、X、Y 両方の公共サービスの購入量が増加する。

　ところで、この特定補助金と同一の一般補助金が与えられた場合には、予算線は $A'B'$ となる。図から明らかなように、この予算線は、先の特定補助金の予算線と CB' 間において重なってしまう。このため、同額の一般補助金が与えられた場合にも、この地方公共団体は E' を選ぶだろう。こうして、一般的に定額補助金の場合は、特定補助金でも一般補助金でも、まったく同じ効果をもつといえる。

　ただし、補助金額が非常に大きく、X で測って BB'' ほどの一般補助金が

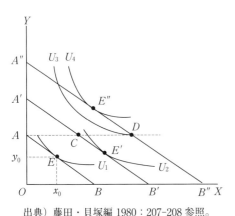

出典）藤田・貝塚編 1980：207-208 参照。

図8-5　定額特定補助金の効果

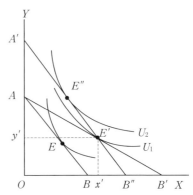

出典）藤田・貝塚編 1980：209-210 参照。

図8-6　定率特定補助金の効果

与えられた場合には、予算線は $A''B''$ となり、地方公共団体は E'' を選ぶ。同額の特定補助金の下では、予算線は DB'' となり、E'' を選ぶことはできなくなる。この場合には、D を選ばざるを得ず、一般補助金と特定補助金の効果は異なったものになる。

3) 定率特定補助金の経済効果

　図8-6によって、定率特定補助金の経済効果を調べてみる。これまで同様、横軸には公共サービス X が、縦軸には公共サービス Y が測られている。そして AB が、補助金が交付される前の予算線であり、E が、地方公共団体が選択する点である。ここで公共サービス X に対して、5割の定率補助金が与えられたとする。地方公共団体から見た公共サービス X の価格は半分に低下するので、新しい予算線は、$OB=BB'$ である B' と、A とを結んだ直線となる。そして地方公共団体は、この直線上で E' 点を選び、X を、x'、Y を y' 購入する。この E' 点は、一般的に見て E 点の右上に位置し、公共サービス X、Y の供給はともに増加する。

　ところで、この定率特定補助金と、同額の使途を特定しない一般定額補助金が与えられた場合には、予算線は、E' 点を通り AB に平行な線 $A'B''$ になる。この場合地方公共団体は、$A'B''$ 線上で最も大きな満足を得ることができる点 E'' を選択するだろう。地域の住民に与える効果を、特定補助金と一般補助金について比較すると、特定補助金の厚生水準が U_1 であるのに対し、一般補助金の厚生水準は U_2 である。したがって、同額の補助金であるのに、特定補助金の方が一般補助金よりも、その対象となる公共サービスの供給を、増加させることができる。

6　地方財政改革

1) 地方分権の意思決定

　わが国では、1990年代から地方分権改革が進められた。地方分権改革法

（1995年）では、問題の多い補助金の整理が勧告されたが、地方分権一括法（2000年）には、その成果が十分に反映されなかった。

　地方分権改革の背後には、**市場経済**が競争と効率を目標に物質的豊かさをもたらしたにもかかわらず、公共サービスが国民のニーズに対応していないために、「ゆとりも豊かさ」も実感できないという認識がある。つまり、公共サービスが国民から離れた中央政府によって決定されているため、画一的・統一的になり、国民はその定型化されたサービスに生活を適応させていかざるを得ない状況がある（神野・金子 1998：217）。

　地方分権を考える上で、政策の意思決定を国と地方のどちらに委ねるかについては、①すべての政策決定を国が行う完全中央集権システム、②すべての決定を各地方が行い、国は名目的にその連合体として存在する完全地方分権システム、③国と地方が独自の役割分担の下に、意思決定を行う多段階のシステムが考えられる。これらは、地方分権化のメリット、デメリットと関連し、メリットである公共財の選好顕示問題の解消と厚生損失の減少、住民の望ましい政策採用への圧力や財政的支払い費の減少等を重視する場合には②が選択され、デメリットである地域間の租税競争や外部性を通じた非効率的な地方の政策選択、人口の非効率的な地域間配分等を危惧する場合には①が選択される（畑農ほか 2008：181）。

2）分権化の地方財政

（1）　地方分権と三位一体改革

　わが国の地方財政は、この30年の間に国と地方の制度改革、大都市と地方都市の間での人口移動や財政力格差の問題など、地域間格差や経済格差が深刻な問題として発生してきた。2000（平成12）年の機関委任事務の廃止、2003（平成15）年からの**三位一体改革**、2004（平成16）年からの**市町村合併**、さらに**財政健全化法**と**道州制**の導入などが検討されてきた。

　三位一体改革は、税制調査会「2002年度基本方針」、地方分権改革推進委員会「基本方針2003」等で、「国庫補助負担金、交付税、税源移譲を含む税源配分のあり方を三位一体で検討」するとされ、三位一体という表現が使わ

れるようになった。この改革は、国から地方への国庫補助負担金の削減と税源移譲額を合わせ、その後の地域格差を交付税で調整するという改革であった。これにより地域住民の選好に合った公共サービスが提供され、社会全体の厚生が高くなることを期待していた（神野・小西 2014：209-211）。

　(2)　改革の影響

　地方税、地方交付税、国庫支出金のそれぞれの制度の補完性を考えると、三位一体改革は必要であった。改革の内容について評価できる点は、①国庫補助負担金の改革が行われたこと、②地方税の充実確保のため、地方団体の課税自主権の拡大が図られたこと、③地方交付税への依存を低下させるべく、財源保障機能を見直して縮小する方向性が示されたことである。

　しかし、税源移譲を進めながら、国の財源保障や関与を残したまま実施したことで、①人口や企業が多い地域の税収は増加し、過疎部の地方団体との間で地域差が顕在化したこと、②地方団体の義務的経費への国庫補助負担金を削減せざるを得ず、結果として地方の支出が増加し、これにより財政力の格差是正や、財源保障への要求が高まり地方交付税を増額する要求が強まったこと、③地方団体の重要な財源である地方債の改革案が示されなかったこと、などが課題として残された（土居 2021：284-285）。

　三位一体改革による地方の税収が、国庫補助削減額を上回った都道府県は全体の4分の1で、結果としてこの改革は地域内の財政力格差（税収格差を含む）を拡大する結果となった（重森ほか 2009：350）。また、税源移譲という改革の目標が、単に国税を減税して地方税を増税するという政府間税収の調整に終わるのでは、地方自治体の行動や住民の経済厚生に実質的な効果はないと指摘する意見もある（井堀 2008：138-139）。

3)　今後の分権化議論に向けて

　地方分権改革が目的とすべきことは、地方自治体の実務（ミクロレベル）での行政の効率化と自治体全体の財政運営や日本の財政全体（マクロレベル）での財政健全化、財政膨張の抑制である。

　それには、応益原則と応能原則に配慮し地域ごとに公共サービスの受益と

負担を一致させる制度改革が必要であること、また地方公共財の便益が、他の地域に波及するときは、公共財の便益に対応するような行政区画を再構築することにある。そして供給財源をまかなうことができるように地方税、地方交付税、国庫支出金に関わる制度を一体的に改革することである。したがって、社会福祉や義務教育など、**私的財に近い準公共財**ないしは私的財と**代替的な財**は、市町村のような行政体に権限を委譲し、各住民の要求に合わせて決定することが望ましい。一方、大規模な**純粋公共財に近い準公共財**、ないしは私的財と**補完的な公共財**は、道州や都道府県のような行政体に移譲することが望ましいとされている。(井堀・土居 2001：264-265)

　このような説に対して、現在の地方分権論議には厳しい見方もある。たとえば、「合併すると地域が活性化する」とか、「しなければ財政が破綻する」といった根拠のない宣伝により、いままでに合併した地域が抱える問題は、まさに道州制の行く末にも重なるとして危惧を抱いている。すなわち、①競争的分権か連帯的分権かの選択、②財政と行政機能を最小化する圧力の危険性、③市町村合併と道州制議論を通じて市町村という地域的な単位を揺るがす動きが出てきたこと等である。(重森ほか 2009：358-359)

　行きすぎた地方分権論、国と地方に共通する不完全な改革、各地域の政策能力を超えた自助自立論が地域間格差を生み出していることも、まさに現実の日本が証明している。今後の地方財政や地方分権を考える上で、これらの直面する課題を解決しなければ、私たちが気づかないうちに、国と地方の関係や地域社会が荒廃してしまう結果になりかねない。

引用・参考文献

石弘光（2008）『税制改革の渦中にあって』岩波書店

井堀利宏（2005）『ゼミナール公共経済学入門』日本経済新聞社

井堀利宏（2008）『財政学［第 3 版］』新世社

井堀利宏（2015）『公共経済学［第 2 版］』新世社

井堀利宏・土居丈朗（2000）『財政読本［第 5 版］』東洋経済新報社

井堀利宏・土居丈朗（2001）『財政読本［第 6 版］』東洋経済新報社

植松利夫編（2020）『図説日本の税制　令和元年度版』財経詳報社

大川政三・池田浩太郎編著（1986）『新財政論』有斐閣

小塩隆士（2006）『コア・テキスト財政学』新世社

金澤史男編（2009）『財政学』有斐閣

金子宏編（2001）『所得税の理論と課題［2 訂版］』税務経理協会

川又祐（2009）「官房学」田村信一・原田哲史編著『ドイツ経済思想史』八千代出版

楠谷清（2001）「日本の社会資本の生産力効果に関する研究」『政経研究』第38巻
　第 3 号、日本大学

小西砂千夫（2017）『財政学』日本評論社

齊藤誠・岩本康志・太田聰一・柴田章久（2014）『マクロ経済学』有斐閣

財務省財務総合政策研究所編（2021）『財政金融統計月報［第829号］令和 3 年度
　予算特集』

佐藤進（1983）『財政学入門』同文舘出版

佐藤進・関口浩（2019）『財政学入門［新版］』同文舘出版

重森暁・鶴田廣巳・植田和弘（2009）『Basic現代財政学［第 3 版］』有斐閣

神野直彦（2003）『財政学』有斐閣

神野直彦（2021）『財政学［第 3 版］』有斐閣

神野直彦・金子勝（1998）『地方に税源を』東洋経済新報社

神野直彦・小西砂千夫（2014）『日本の地方財政』有斐閣

高木八尺・末延三次・宮沢俊義（1957）『人権宣言集』岩波書店

高橋利雄編（1993）『現代財政学』勁草書房

高橋利雄・楠谷清・藪下武司・川又祐・斎藤英明（2010）『基本財政学』八千代出版

田中秀央（1973）『羅和対訳マーグナ・カルタ』東京大学出版会

土居丈朗（2021）『入門財政学［第 2 版］』日本評論社

橋本徹（1988）『現代の地方財政』東洋経済新報社

橋本徹・山本栄一・林宜嗣・中井英雄（1986）『基本財政学』有斐閣

橋本徹・山本栄一・林宜嗣・中井英雄・高林喜久生（2002）『基本財政学［第 4 版］』
　有斐閣

畑農鋭矢・林正義・吉田浩（2008）『財政学をつかむ』有斐閣

林宜嗣（2011）『財政学［第 3 版］』新世社

林宜嗣・林亮輔・林勇貴（2019）『財政学［第 4 版］』新世社

廣光俊昭編（2020）『図説日本の財政　令和 2 年度版』財経詳報社

藤田晴・貝塚啓明編（1980）『現代財政学 1 ―現代財政の理論―』有斐閣

防衛省編（2021）『令和 3 年版　防衛白書―日本の防衛―』

本間正明（1990）『ゼミナール現代財政入門』日本経済新聞社

マスグレイブ著、大阪大学財政研究会訳（1983）『財政学―理論・制度・政治―』有斐閣

宮島洋編（2003）『消費課税の理論と課題［2 訂版］』税務経理協会

宮島洋・井堀利宏編著（2000）『財政学』放送大学教育振興会

横山彰・馬場義久・堀場勇夫（2009）『現代財政学』有斐閣

Buchanan, J. M. and Wagner, R. E.（1977）*Democracy in Deficit: The Political Legacy of Lord Keynes*, Academic Press.（大野一訳　2014『赤字の民主主義―ケインズが遺したもの―』日経BP社）

Figley, P. F. and Tidmarsh, J.（2009）"The Appropriations Power and Sovereign Immunity," in : *Michigan Law Review*. Vol. 107 No. 7. pp. 1207-1267.

Friedman, M.（1962）*Capitalism and Freedom*, University of Chicago Press.（村井章子訳　2008『資本主義と自由』日経BP社）

Gini, C.（Anno academic 1913-1914）"Sulla musura della concentrazione e della variabilita dei caratteri," in : *Atti del Reale Istituto Veneto di Scienze, Lettere ed Arti*, Tomo 73, Parte seconda,. transl. by Fulvio De Santis, "On the Measurement of Concentration and variability of Characters," in : *Metron. International Journal of Statistics*, Vol. 73 No. 1, 2005.

Haig, R. M.（1938）"The Concept of Income," in : *The Federal Income Tax*, edited by R. M. Haig, Columbia University Press.

Kaldor, N.（1955）*An Expenditure Tax*, G. Allen & Unwin.

Keynes, J. M.（1936）*The General Theory of Employment Interest and Money*, Macmillan.（塩野谷祐一訳　1983『雇用・利子および貨幣の一般理論』東洋経済新報社）

Lorenz, M. O.（1905）"Methods of measuring the concentration of wealth," in : *Publications of the American Statistical Association*. Vol. 9 No. 70. pp. 209-219.

Musgrave, R. A.（1959）*The Theory of Public Finance*, McGraw-Hill Kogakusha, LTD.（木下和夫監修、大阪大学財政研究会訳　1962『財政理論 II ―公共経済の研究―』有斐閣）

Neumark, F.（1952）"Theorie und Praxis der Budgetgestaltung," in : *Handbuch der Finanzwissenschaft*. 1. Bd., 2. Aufl., hrsg. von W. Gerloff, F. Neumark. J. C. B. Mohr.

Pigou, A. C.（1920）*The Economics of Welfare*, Macmillan.（気賀健三ほか訳

1954『ピグウ厚生経済学II』東洋経済新報社）

Raithby, J. ed.（1819）*The Statutes of the Realm* . Vol. 5. Trans-Media Pub. Microfilm ed. Reel, 1973. 19950. 該当法令は、British History Online（http://www.british-history.ac.uk/）で公開されている。

Charles II, 1665. http://www.british-history.ac.uk/report.aspx?compid=47374

Charles II, 1666. http://www.british-history.ac.uk/report.aspx?compid=47383／2

Schmölders, G.（1970）*Finanzpolitik* , 3. Aufl., Springer.（山口忠夫ほか訳　1981『財政政策［第3版］』中央大学出版部）

Simons, H. C.（1938）*Personal Income Taxation* , University of Chicago Press.

Smith, A.（1776）*An Inquiry into Causes of the Wealth of Nations* , edited by E. Cannan, MA., L. L. D., pp. 777-779, 1937.（大河内一男監訳　1999『国富論III』中央公論新社）

Smith, H. D.（1945）*The Management of Your Government* , Whittlesey House, McGraw-Hill.（理財局調査課・間野嘱託訳（抄訳）　1947「米国の民主主義と財政の運営」『調査月報』第36巻第2号、大蔵省理財局）

Wagner, A.（1877-1901）*Finanzwissenschaft.* "Three Extracts on Public Finance by Adolph Wagner," in : *Classics in the Theory of Public Finance*, edited by R. A. Musgrave and A. T. Peacock, 1994, St. Martin's Press. pp.1-15.（瀧本美夫解説　1904『ワグナー氏財政学　下巻』同文館）

厚生労働省老健局「介護保険制度の概要　令和3年5月」
https://www.mhlw.go.jp/content/000801559.pdf

厚生労働省「公的年金制度一覧」
https://www.mhlw.go.jp/stf/seisakunitsuite/bunya/0000128073.html

厚生労働省「平成29年　所得再分配調査報告書」
https://www.mhlw.go.jp/toukei/list/dl/96-1/h29hou.pdf

厚生労働省年金局「年金制度基礎資料集　2021年3月」
https://www.mhlw.go.jp/content/000754520.pdf

厚生労働省「我が国の医療保険について」
https://www.mhlw.go.jp/stf/seisakunitsuite/bunya/kenkou_iryou/iryouhoken/iryouhoken01/index.html

国立社会保障・人口問題研究所「令和元年度　社会保障費用統計」
https://www.ipss.go.jp/ss-cost/j/fsss-R01/fsss_R01.asp

国立社会保障・人口問題研究所「人口統計資料集（2021年版）」
https://www.ipss.go.jp/syoushika/tohkei/Popular/Popular2021.asp?chap=2

財務省「国の財政規模の見方について」『令和2年版　特別会計ガイドブック』
https://www.mof.go.jp/policy/budget/topics/special_account/fy2020/2020-zentaiban.pdf

財務省「令和元年度　国の財務書類」
https://www.mof.go.jp/policy/budget/report/public_finance_fact_sheet/
fy2019/national/fy2019gassan.pdf
財務省「財政投融資とは」
https://www.mof.go.jp/policy/filp/summary/what_is_filp/index.htm
財務省「日本の財政関係資料　令和 3 年 4 月」
https://www.mof.go.jp/policy/budget/fiscal_condition/related_data/
202104_00.pdf
財務省「日本の財政関係資料　令和 3 年10月」
https://www.mof.go.jp/policy/budget/fiscal_condition/related_data/
202110_00.pdf
財務省「負担率に関する資料」
https://www.mof.go.jp/tax_policy/summary/condition/a04.htm
財務省主計局「我が国の財政事情（令和 3 年度予算政府案）」
https://www.mof.go.jp/policy/budget/budger_workflow/budget/fy2021/
seifuan2021/04.pdf
財務省「わが国の税制の概要」
https://www.mof.go.jp/tax_policy/summary/index.html
総務省「地方財政白書　令和 3 年版（令和元年度決算）」
https://www.soumu.go.jp/menu_seisaku/hakusyo/chihou/r03data/index.htm

索　引

執筆者紹介 （掲載順）

川又　祐（かわまた　ひろし）　　　　　　　　　　　　**第1章、第2章**

日本大学法学部教授

主要著書

『経済学入門 ［第 2 版］』（共著、弘文堂、2019年）

『ドイツ経済思想史』（共著、八千代出版、2009年）

藪下　武司（やぶした　たけし）　　　　　　　　　　　**第3章、第8章**

中部学院大学スポーツ健康科学部教授

主要著書・論文

「均等犠牲説による勤労所得税の公平性―平成 7 年から平成22年の家計調査を基にして―」『政経研究』（第49巻第 3 号、日本大学法学会、2013年）

『入門現代経済学』（共著、税務経理協会、2007年）

楠谷　清（くすや　きよし）　　　　　　　　　　　　　**第4章**

日本大学法学部教授を定年退職後、非常勤講師

主要著書・論文

「日本の税制改革の方向と X tax」（共著）『政経研究』（第45巻第 2 号、日本大学法学会、2008年）

「1990年代以降のピッツバーグにおける官民パートナーシップと産業構造の変化」『政経研究』（第44巻第 3 号、日本大学法学会、2008年）

斎藤　英明（さいとう　ひであき）　　　　　　　　　　**第5章、第7章**

北陸大学経済経営学部講師

主要論文

「市町村の社会復帰促進センター誘致を促す要因」『政経研究』（第58巻第 3 ・ 4 号、日本大学法学会、2021年）

「高レベル放射性廃棄物処分場立地促進に欠けている補償」『青山社会科学紀要』（第49巻第 1 号、青山学院大学大学院、2020年）

竹本　亨（たけもと　とおる）　　　　　　　　　　　　**第6章**

日本大学法学部教授

主要著書・論文

『分権化時代の地方財政』（共著、中央経済社、2008年）

「ロシア型財政調整制度による地方交付税改革のシミュレーション分析」『財政研究』（第 9 号、日本財政学会、2013年）

新・財政学入門

2022年4月22日　第1版1刷発行

著　者—川又　祐・藪下武司・楠谷　清
　　　　斎藤英明・竹本　亨
発行者—森　口　恵美子
印刷所—神 谷 印 刷 ㈱
製本所—グ リ ー ン ㈱
発行所—八千代出版株式会社
　　　　東京都千代田区神田三崎町2-2-13
　　　　TEL　　03-3262-0420
　　　　FAX　　03-3237-0723
　　　　振替　　00190-4-168060
＊定価はカバーに表示してあります。
＊落丁・乱丁本はお取り替えいたします。

ISBN978-4-8429-1824-2